本书是山东省社科规划项目："一带一路"倡议下大学外语教学中的中国文化传播研究（17CWZJ07）和鲁东大学"声速输入法"基金语言文字研究课题："汉语外向型学习词典与英语外向型学习词典在释义方面的对比研究"（SSYB202130）的阶段性研究成果。

跨文化交际理论解读
及其教学实践研究

刘婷婷◎著

新华出版社

图书在版编目（CIP）数据

跨文化交际理论解读及其教学实践研究 / 刘婷婷著.
北京：新华出版社, 2024. 9
ISBN 978-7-5166-7576-2

Ⅰ．H319.3

中国国家版本馆CIP数据核字第2024NL9194号

跨文化交际理论解读及其教学实践研究
作者： 刘婷婷
责任编辑： 蒋小云
出版发行： 新华出版社有限责任公司
　　　　　　（北京市石景山区京原路8号　邮编：100040）
印刷： 北京亚吉飞数码科技有限公司

成品尺寸： 170mm×240mm　1/16　　**印张：** 15　**字数：** 234千字
版次： 2025年3月第1版　　　　　　**印次：** 2025年3月第1次印刷
书号： ISBN 978-7-5166-7576-2　　**定价：** 86.00元

微店

视频号小店

抖店

京东旗舰店

请加我的企业微信

微信公众号

喜马拉雅

小红书

淘宝旗舰店

扫码添加专属客服

前　言

在全球化日益加深的今天，世界各国、各民族之间的交流与合作越来越频繁，这使得跨文化交流成为现代社会的一个普遍现象。但跨文化交流是一个十分复杂的过程，不仅涉及语言，更涉及文化，常常会遇到各种预料之外的挑战和困难。在跨文化的交流中，我们不仅要学会用对方的语言进行沟通，更要深入了解对方的文化背景、习俗、价值观等。我们应对跨文化交际理论有深入的了解和研究，增强跨文化交际的意识。具备跨文化交际能力，这不仅是顺利进行跨文化交际的保障，也是新时代发展的要求。因此，对跨文化交际理论进行研究并加以应用，意义重大。

随着跨文化交际研究的不断深入，其理论开始延伸至教育领域，并对外语教学产生了重大影响。在我国传统外语教学模式中，对于语言知识的传授给予了高度重视，但在文化信息的引入方面则稍显不足，这使得培养出来的学生无法准确、顺利地完成跨文化交际任务。另外，由于国与国之间联系更为紧密，我国对外贸易更为频繁，从事对外贸易的企业也大幅度增加，对于跨文化交际能力的要求也随之水涨船高。在这种背景下，如何在外语教学中融入跨文化交际理论，培养学生的跨文化交际能力，成为当前外语教育领域亟待解决的问题。在当前的教育环境下，众多高校已经开设了商务英语这一课程，以适应社会发展的需求。然而，鉴于该课程设立的时间相对较短，教育部目前尚未针对商务英语教学制定统一的规范，包括其学科性质、课程设置、教学大纲以及教学目的等方面，均尚未有明确的界定。这就使得各大高校的商务英语教学各自为政，分别按照自己的情况开展。当前最突出的问题是，商务英语教学处处都有基础英语的影子。对于外语教学以及商务英语教学的问题，跨文化交际理论的应用可有效改变这些现状，促进我国外语教学尤其是商务英语教学理念的进步和发展。

现在，我国外语教学已经将文化提到了和语言同等重要的地位，将培养学生的跨文化交际意识和能力作为重要目标。鉴于此，作者在总结多年教学经验的基础上，精心撰写了《跨文化交际理论解读及其教学实践研究》一书，以期促进我国外语教学的进步和发展，并推进我国高校商务英语教学的完善。

本书共包含七章内容。第一章至第四章对跨文化交际理论进行阐释。第一章综合介绍了文化的内涵、性质、特征、分类、功能，以及文化与语言的关系。第二章对交际进行了阐述，首先分析了内涵、构成、特征、文化对交际的影响，然后介绍了跨文化交际和跨文化交际能力，并探讨了跨文化接触与实践。第三章论述了跨文化交际的本质、过程与理念。第四章对跨文化交际理论进行了研究，论述了意义协调理论、面子–协商理论、跨文化调适理论、身份协商理论、身份管理理论。第五章至第七章对跨文化交际教学实践进行分析。其中第五章从定位、原则、方法与评价等角度研究跨文化交际与外语教学的关系。第六章介绍跨文化交际理论应用于高校商务英语教学实践，分析了高校商务英语教学的现状、指导思想、原则、路径以及商务文化对其的意义与培育手段，以构建国际高端人才，提升跨文化能力。第七章对跨文化交际理论指导下的高校商务英语教师专业发展情况展开分析，首先论述了高校商务英语教师的胜任力，并进一步研究了高校商务英语教师的素养提升路径、学习共同体构建以及教师的跨文化教育能力的提升。

本书呈现出以下几个特点。首先，研究角度新颖，本书以跨文化交际理论的研究为出发点，以跨文化交际理论在外语教学中的应用为落脚点，不仅将跨文化交际理论与外语教学紧密联系在一起，而且在一定程度上体现了现代外语教学的发展方向。其次，理论与实践紧密结合，本书首先详细分析了跨文化交际的相关理论，然后重点探讨了跨文化交际理论在外语教学、高校商务英语教学中的具体应用，坚持理论与实践相结合。最后，本书内容丰富翔实，结构严谨清晰，语言通俗易懂，而且实用性强。无论是对于教师、学生还是专门致力于相关研究的专业人士而言，本书都有着重要的学习和借鉴价值。

本书在成书过程中参阅了大量的文献和著作，并引用了相关专家和学者的观点，在此一并表示感谢。书中所参考的著作文献已在书后一一列出，如有遗漏之处敬请谅解。因水平有限，加之时间仓促，书中难免有疏漏之处，还望广大读者批评指正。

鲁东大学　刘婷婷

2024年3月

目录

第一章
文化综述

　　在全球化经济趋势不断加速的背景下，跨文化交际已经演变成为一种普遍且不可或缺的现象。无论是对于拥有古典文化底蕴的东方国家，还是科学技术高度发达的西方国家，跨文化交际已经遍布世界的每一个角落。在人类漫长的演进历程中，文明得以孕育并蓬勃发展，各种独特的文化体系亦随之形成。在全球化日益深入的今天，文化给人类的交流带来了新的感受，并且不断挑战着人类对中西文化差异的耐受性。本章就从文化的内涵与性质，文化的特征、分类与功能，文化与语言的关系这三个层面来具体论述一下文化，以期为之后的跨文化交际及外语教学实践奠定一定的理论基础。

第一节　文化的内涵与性质

　　文化，作为语言的核心，是人类社会所独有的表现。它体现了深刻的社会性和集体性，超越了单一个体的主观随意性，是广大民众共同创造并世代传承的宝贵精神财富。本节就首先从文化的内涵和性质这两个层面作具体的分析和论述。

一、文化的内涵

　　文化，作为一个具有多重维度和深度的复杂概念，历来受到全球学者的广泛关注。学者们从各自的学术视角出发，对文化提出了众多不同的见解和解释。至今，中西方学者对文化的定义已达到五百多种。为了更深入地理解这一概念，本节将从国内外两个不同的视角，对文化的定义进行系统的探讨和分析。

（一）国外对文化的定义

　　在西方语言中，"文化"（culture）这一术语，其根源可追溯至拉丁文"cultus"，原意蕴含"开化、开发"之意，涵盖居住、耕种、实践以及敬畏神灵等多个层面。自中世纪以来，"文化"之定义逐步转向精神领域，特指审美情趣与价值观念。至19世纪下半叶，随着社会学、人类学及文化学等学科的蓬勃发展，众多学者对"文化"一词赋予了多样化的定义。

在众多关于文化的定义中，人类学家爱德华·泰勒（Edward Tylor）与马林诺夫斯基（Malinowski）的见解尤为显著。泰勒强调："文化乃是一个复合的整体，涵盖了知识、信仰、艺术、道德、法律、风俗，以及人类在社会中累积的一切能力与习惯。"[①]他的观点侧重于文化的精神内核与整体性。而马林诺夫斯基则指出："文化不仅是一套能够满足人类生存需求的社会制度，更是一套有组织的风俗与活动的体系。"[②]他的视角侧重于文化的制度架构与功能性。

在1952年，美国著名学者阿尔弗雷德·路易·克罗伯（Alfred Louis Kroeber）与克莱德·克拉克洪（Clyde Kluckhohn）在其合著的《文化：关于概念和定义的评述》一书中，对文化这一概念进行了详尽的评述。他们共总结了关于文化的164条定义，这些定义不仅涵盖了前人从不同角度对文化的界定，内容兼具具体与抽象，同时也包含了他们自身对文化的独到见解。这些定义主要涵盖了以下几个方面。

（1）文化是由外显和内隐两种行为模式共同构成的复合体。

（2）这两种行为模式通过符号系统得以获得和传播，进而实现文化的传承与延续。

（3）在文化的核心层面，传统观念占据了举足轻重的地位，尤其是价值观念，它们构成了文化精神的基石。

（4）文化是人类社会在长期发展过程中积累的显著成就，它体现了人类智慧的结晶。

（5）文化体系可以视为人类活动的产物，它不仅反映了人类的历史与现状，而且深刻地影响着人的进一步活动，塑造着人类的未来。

可见，两位学者对"文化"的阐述展现了这一概念多元且全面的面向。

此外，从跨文化交际的视角审视，社会语言学家戈德朗夫（Goodenough）和本尼迪克特（Benedict）对"文化"的界定更为精确且直接。戈德朗夫明确指出："文化涵盖了人们为了使自己的活动方式得到其他社会成员的认同、

---

① 吴为善，严慧仙.跨文化交际概论[M].北京：商务印书馆，2009：2.

② 同上.

接纳与信任所需的一切要素，与生物遗传的固有特性不同，文化是一种需要个体通过学习获得的品质，且其核心构成在于知识——即学习的最终成果。"①而本尼迪克特则认为："文化表现为一种特定的思维和行动模式，这种模式是通过不同民族在其活动中的独特展现而得以体现。"②从这两位学者的定义中，我们可以清晰地观察到他们对文化民族性的强调，其中前者侧重于民族内部的规范体系，而后者则聚焦于民族间的差异性。

（二）国内对文化的定义

"文化"这一概念源远流长，古汉语中，"文"与"化"最初是独立使用的词汇。

"文"字的原始含义涉及各种色彩交织的纹理，象征着图案和文字。正如《礼记·乐记》中提到的"五色成文而不乱"，展现了其在视觉艺术中的运用。《说文解字》进一步阐释："文，错画也，象交文。"在这里，"文"字被赋予了更深层的意义，既指代象征性符号、文化遗产、礼仪制度，也引申为基于伦理道德的装饰艺术和个人修养。

"化"字则指变化、生成、自然演变，如《易·系辞下》中的"男女构精，万物化生"，以及《庄子·逍遥游》中的"化而为鸟，其名为鹏"，体现了其在哲学和自然界的深刻内涵。随着时间的流逝，"化"字的含义扩展到"教化、改造、培育"等方面。

"文"与"化"的结合始于西汉时期。刘向在《说苑·指武》中提道："圣人之治天下也，先文德而后武力。凡武之兴，谓不服也；文化不改，然后加诛。"在这里，"文化"被视作古代君主治理国家的一种策略，即通过文治和教化来引导民众。此后，"文化"一词的使用日益广泛，并衍生出多种含义，包括与未开化的"野蛮"相对的文明，以及与自然相对的人为创造。

进入近现代，"文化"已经发展成为一个内涵丰富、外延广泛的多维概

---

① 吴为善，严慧仙.跨文化交际概论[M].北京：商务印书馆，2009：2.
② 同上.

念，其应用范围和领域极为广泛。20世纪70年代，《辞海》对"文化"的定义是：文化分为广义和狭义两种。广义上，文化是社会发展过程中人类创造的物质和精神财富的总和；狭义上，文化指一种社会意识形态及其相应的制度和组织结构。[①]

综合上述定义，汉语中的"文化"主要有两种用法：

（1）作为动词使用时，文化指代的是一个通过特定手段来推广和培育文明礼仪的动态过程。

（2）作为名词使用时，文化被定义为人类意识、精神、智慧的集合，以及这些要素所产生的创造成果。

二、文化的性质

鉴于不同国家与民族各自独特的文化环境及其展现的多元特性，对于不同文化及其现象的深入理解，除了明晰其基本概念外，还需深入探究文化的本质属性。以下将对文化的性质进行详细分析。

文化，作为一种本质属性，其内核在于人类独特的创造性生命活动，它属于更为宽泛的精神范畴。其内涵可归纳为三大核心层面：首先，文化是人类特有的行为与成就，展现了人类对环境清晰的认知，这是人类与动物之间的根本分野。动物虽能在群居生活中生存，但缺乏文化之概念；其次，"生命创造"这一概念，特指人类的实践活动，这不仅是人类有意识、有目的的行为，更是基于现实规则和创造性的活动，它深刻反映了人类实践的本质；最后，这种创造性活动并非无条件的，而是在社会现实关系的背景下发生，其成果体现了精神的"物化"状态，表明人类具有明确的意识和目的，并能根据规律和法则进行创造。

此外，文化具有双重性，从共时性角度来看，文化是人类为生存和发展

---

① 严明.跨文化交际理论研究[M].哈尔滨：黑龙江大学出版社，2009：2.

进行的创造性活动。恩格斯指出，文化的每一进步都是向自由迈进的一步，体现了人类本质力量和智慧。①文化本应服务于人类精神生活，但一旦形成并被广泛接受，便成为塑造人的强有力社会力量。文化由人创造，人发挥主体作用，但文化形成后又反过来塑造人，可能导致人丧失或部分丧失主体地位，体现了人与文化的双向建构。文化对人的塑造是多层面的，可以提升人的精神境界，也可能使人成为文化的附庸，导致悲剧。这种制约和支配作用可能表现在道德、哲学、政治、宗教等多个层面。

此外，文化还具备显著的超越性，这体现在两个核心层面。首先，作为精神的客观存在，文化虽是特定历史时代的产物，却能超越时代限制，不随时代的消亡而消失，如古希腊神话至今仍是欧洲文化的宝贵财富。其次，文化在精神层面对物质生活具有超越作用。马克思主义哲学认为物质决定精神，文化由特定社会生活决定，并随时代发展而变化，表明物质条件是文化生存和发展的基础。

第二节　文化的特征、分类与功能

文化是人类社会发展的独特产物，是历史进程中人类智慧和创造力的结晶，涵盖了物质文明和精神文明两个方面。文化行为不是孤立存在的，它受到社会各要素的深刻影响，是社会整体和集体共同塑造的结果，而非个人任意而为。接下来，我们将详细探讨文化的核心特性、细致分类以及其在社会中的多重功能。

---

① 李胜兹.试论文化的性质与特征[J].德州师专学报，1998（3）：32-33.

一、文化的特征

在探讨"文化"这一概念时，无论其定义被赋予多少种不同的表述，亦不论其定义是狭义还是广义的范畴，这些差异均不会对文化的本质特性造成影响。

（一）文化的核心是人

文化的本质核心在于人的存在与活动。人类是文化的缔造者和传承者，唯有通过人的智慧和创造力，文化才得以形成并持续演进。文化不仅是人类智慧的结晶，更是创造力的直观展现。作为社会成员，人们共同创造、塑造、运用并分享文化，同时亦在文化的熏陶下被塑造，最终又不断推动文化的创新与进步。文化的生命力、活力与光彩，皆源于人的主动创造与不断变革。因此，在探讨语言与文化的关系时，我们应当深刻认识到语言背后的主体——语言的使用者，包括说话者和聆听者，他们的文化背景对语言交流具有决定性的影响。

（二）文化是后天习得的

在1871年出版的《原始文化》中，泰勒提出了一个关于文化的核心观点：文化是社会成员通过后天学习而非先天遗传所获得的。这种学习过程，即"习得"，涉及个体在特定社会环境中对文化传统和属性的接受和掌握。在文化人类学的领域中，儿童学习文化的这一过程被称为"濡化"，它描述了文化如何通过代际传递得以延续。

文化习得并非总是一个被动的过程。在某些情况下，文化知识是直接传授的。例如，父母可能会教导孩子基本的礼貌，告诉他们见到熟人时应该如何打招呼，如何正确地称呼长辈和同辈，如"爷爷""奶奶""叔叔""阿姨"等。这种直接的教育方式是文化传承的一种形式，它体现了文化作为社会共享知识和行为模式的本质。

（三）文化是共享的

文化并非个体固有的特质，而是作为社会群体一员所共有的属性。只有在社会互动中，文化才能得以传播和共享。在《人类学——人类多样性的探索》一书的第13章中，对"文化"的属性进行了深入而简明的阐述："共同的信仰、价值观、记忆和期望将同一文化背景的人们紧密联系在一起。濡化过程通过提供共享的经验，将人们凝聚成一体。"

每一代人都是从上一代那里接受文化的濡化，而当他们成为父母时，便转而成为文化传递给下一代的媒介。尽管文化本身是流动和变化的，但某些基本的信仰、价值观和世界观，以及对子女的教育方式，往往能够跨越时间的长河，保持相对稳定。

共享的文化背景对人们的行为和选择具有深远的影响。在异国他乡，人们往往更倾向于与来自相同国家或地区的人建立联系，这种现象体现了文化认同的力量。

（四）文化是象征的

象征在文化以及人类其他方面的学习中扮演着至关重要的角色。它指的是某些口头或非口头的表达方式，在特定的语言或文化背景下，被用来代表其他事物。象征与其指代的对象之间并没有直接的联系，例如，对于猫这种动物，汉语称其为"猫"，但在英语中则称其为"cat"，在其他语言中，则有另外的称呼，这些名称之间并没有联系。

在文化的语境中，象征的构建往往依赖于特定的符号体系，而在其中，语言无疑占据了核心地位。语言凭借其独特的词汇系统，为具体的对象赋予了指代意义，从而使人们能够跨越时空的界限，传达那些不在场的人或事物的信息。若无语言的支撑，人们将难以准确、清晰地传达各类事件、情感以及其他重要的生活经历。

除了语言，象征还包括非语言的符号系统。例如，在中国的传统婚礼上，红色往往作为吉祥和幸福的象征，从新娘的礼服、喜帖到各种装饰物，红色无处不在。同样，在西方文化中，白色则通常象征着纯洁和神圣，因此新娘在婚礼上常常穿着白色的婚纱。这些非语言的符号系统，通过视觉、触觉等多种感官方式，传递着文化的内涵和价值观念，加深着人们对文化的理解和认同。人类通过象征性思维、语言使用以及工具和其他文化形式的运用来组织和适应自己的生活，协调与周围环境的关系，这是人类生活的常态。在这个过程中，象征的作用至关重要。美国人类学家克利福德·格尔茨将文化视为一种象征体系，强调了文化中象征的重要性。

（五）文化是整合的

文化是一个相互联系、协调一致的系统性结构。在这个系统中，任何一个组成部分，比如经济或社会结构，一旦发生变化，都会引起其他部分的相应调整。例如，过去的农村社会中流传着"早发财不如早生子"的谚语，这反映了当时社会对生育的重视，女性往往在二十多岁时就结婚生子。

然而，随着时间的推移，尤其是在快速发展的大城市中，晚婚晚育的现象变得越来越普遍。尽管在婚礼上我们仍然会习惯性地祝福新人"早生贵子"，但社会对婚姻和家庭的观念已经发生了显著变化。这种转变是社会发展和经济变迁的直接反映。

这一现象表明，文化并非孤立存在，而是一个动态的、相互依存的整体。文化中的每个元素都是相互关联的，一个领域的变革往往会引发其他领域的连锁反应。这种整合性是文化适应社会变化、持续发展的关键。

二、文化的分类

从文化的内涵、性质和特征可以看出，文化并不是固化的，其内容并不是完全同质的。因此，可以从以下几个不同的角度对文化进行归类。

（一）按照文化内涵的特点来分

从文化内涵的特点可以将其分为交际文化和知识文化。

《辞海》将文化划分为两个主要类别，以便更好地理解和区分：知识文化（Intellectual Culture）和社会习俗、生活习惯、思维方式及行为准则等，这些则被称为交际文化（Communicative Culture）或常识文化。知识文化涵盖了社会、政治、经济、文学、艺术、历史、哲学和科技等领域的成就，而交际文化则包括了人们日常生活中的互动和沟通方式。①

金惠康教授进一步阐释了这一区分，他提出知识文化主要指那些不直接通过语言标志表达，在跨文化交际中影响不是非常直接的文化知识。这类文化知识通常以物质形式存在，如文物古迹、艺术品和其他实物。相比之下，交际文化则主要指在跨文化交际中直接影响人们互动的文化元素，这些元素通常隐含在语言中，以非物质形式表现，如行为习惯、价值观念和思维方式。②

在交际文化中，存在着两种模式，即外显交际文化（Explicit Communicative Culture）与内隐交际文化（Implicit Communicative Culture）。其中，外显交际文化主要涉及那些相对明显、易于识别和把握的文化元素，如社会习俗和生活方式等；而内隐交际文化是指诸如思维方式、世界观、价值观、态度情感、民族个性特征等在内的一些深层次的、更为隐含的、不易被把握和察觉却极其重要的文化。前者属于表层文化或者客观文化的范畴，而后者属于深层文化或者主观文化的范畴。另外，内隐文化内涵并不是着眼于某种文化背景的人们怎么说、怎么想以及怎样做，而是着眼于这些人为什么会这么想、这么说、这么做；其关注点并不在于行为方式的表象，而是更侧重于剖析驱动这种行为方式的内在核心要素，即思维模式、世界观以及由此构建的认知体系。

著名学者萨莫瓦（Samovar）深入探讨了跨文化交际中的复杂性，他提出，尽管语言、服饰、饮食习惯、工作方式和社会行为等表面上的差异可以解释跨文化交际中的一些问题，但更深层次的问题往往源自文化的核心。文

---

① 闫文培.全球化语境下的中西文化及语言对比[M].北京：科学出版社，2007：30.
② 同上.

化的深层结构，即人们对待事件的态度和反应方式，是决定性的因素。一个文化群体所重视的价值观和他们对世界的理解，远比他们使用筷子、手或金属餐具等具体行为更为关键。[①]

在国际交流中，不同民族有着不同的礼节，如鞠躬、握手、沉默或交谈，以及解决问题的方式，有的民族倾向于深思熟虑，有的则可能较为冲动。这些行为背后的意义至关重要，但理解这些行为背后的动机更为重要。实际上，不同文化对世界的不同看法和理解，可以在文化的深层结构中找到根源。正是这些深层含义，赋予了不同国家的文化以独有的特征。

可见，文化的深层结构或者内隐交际文化决定着人们如何对待某一事件，如何对他人的行为做出反应以及做出这种反应的动机和心理模式是怎样的，也决定了某种文化侧重点是什么以及如何感知外部世界。

综上所述，针对交际文化和知识文化这两个层面来说，交际文化是文化语言学家研究的重点。而在交际文化的两个层面中，专家、学者也一致认为关于内隐文化的研究更为重要。这是因为在交际文化中，外显交际文化比较外露直观，易于把握和察觉。例如，对于一般性的文化交往，如社交、旅游等，掌握某一个国家或者民族的风土人情、礼仪规范以及社会习俗就足够了，但是当涉及深层次的交往，如政治外交、商务往来、学术交流等，掌握风土人情、礼仪规范等是远远不够的，因为这些交往需要双方了解对方的思想、心理结构、情感特征及其价值取向，只有把握了这些层面，才能满足深层次交往的需要。文化的组成模式如图1-1所示。

表层知识文化：	文学、艺术（美术、雕塑）、音乐、影视、建筑、文物等
底层知识文化：	哲学、经济、科学、历史、法律、教育、语言学等
外显交际文化：	生活方式、行为准则、社会习俗、道德规范
内隐交际文化：	价值观、情感与态度取向
内隐交际文化：	世界观、信仰
内隐交际文化：	思维模式

图1-1　文化的组成模式

[①] Samovar，L.Communication between cultures[M].Belmont，CA：Wadsorth Publishing Company，
1995：16-17.

根据图1-1的展示，可以清晰地观察到，在内隐的交际文化体系中，思维模式占据了最基础的位置，因而成为最难以察觉和深入探究的交际文化要素。同时，世界观的构建与信仰的培育，均深深植根于思维模式之中。进一步而言，价值观、情感与态度取向的形成，又在很大程度上受到世界观和信仰的深远影响。

（二）按照文化对语境的依赖程度来分

文化可以根据其对语境依赖的程度被划分为高语境文化和低语境文化两种类型。

语境指的是在语言交流或非语言交流中所依赖的或隐含的社会背景、历史背景、文化背景，以及交流现场所使用的口语、体态语或文本中的书面语。它在语言交流中扮演着至关重要的角色。不同国家和民族的文化差异，导致了它们依赖语境进行交流的方式和程度也存在显著的不同。美国著名的人类学家爱德华·霍尔（Edward T. Hall）基于这种差异，提出了高语境文化和低语境文化的概念。

1.高语境文化与低语境文化的含义

爱德华·霍尔的理论中，文化交际方式的差异可以通过高语境和低语境文化的区分来理解。在高语境文化的交际中，信息的传递主要依赖于非语言的线索和背景知识，这些信息往往内隐于环境或交际者的内在思维中，而通过语言表达的直接信息相对较少。这种交际方式强调了对环境的感知和对非言语信号的理解，如肢体语言、面部表情、声音的语调和节奏等。

与此相对，低语境文化的交际则依赖于明确的、直接的语言交流。在这种文化中，大部分信息是通过言语符号直接表达的，交际者期望信息接收者能够直接从言语中获取意义，而不是依赖于背景或非语言的提示。这种方式要求语言清晰、具体，以确保信息的准确传达。

简单来说，高语境文化中的交际更侧重于非语言的交流和对环境的敏感性，而低语境文化则更侧重于语言的直接性和明确性。

另外，霍尔还认为在高语境文化中，人们的信息网络、生活体验等基本上是同质的。鉴于历史与传统的深远影响，高语境文化拥有着悠久的历史，其变迁之细微几乎难以察觉。这种文化所维持的长期稳定性与一致性，使得其语境信息对外部环境保持着恒定的反应。因此，在具备高语境文化特征的人们进行日常交流时，并不需要过度依赖或期待大量深入的语境信息，因为此类信息已然融入于文化语境之中，或是交际者自身的认知之中。这种情况也恰恰解释了为什么东方国家的人们在交往中常常会委婉含蓄或者沉默寡言。在低语境文化中，如美国、瑞士、德国等，人们之间尤其是历史传承的差异比较大，鉴于信息网络与生活体验的多样性和非同一性，这种显著的共同体验缺失表明，在人们的实际交流互动中，详尽的语境信息显得尤为必要，以确保信息传递的准确性和有效性。这也从侧面说明了西方人比较善言谈以及说话比较直白的原因。例如，东方国家的男女双方在表达爱意的时候，无论是在言语上还是行为上，都呈现出含蓄和内敛的状态，比较间接；而西方国家的男女双方则是比较开放、大胆、直白的。

2.高语境文化与低语境文化的差异

高语境文化与低语境文化之间的差异主要体现在以下三个方面。

（1）在低语境文化中，语言信息扮演着至关重要的角色。那些生活在低语境文化中的人在交流时，通常期望对方的表达尽可能清晰、详尽和明确。如果交流中的论点含糊不清，或者提供的数据不够明确，这可能会导致对方感到困惑甚至不快，特别是在与高语境文化的人交流时，这种误解更容易发生。高语境文化的人可能习惯于通过非语言的线索和环境背景来理解信息，而低语境文化中的直接和明确的语言要求可能会让他们感到不适应。

相反，当高语境文化的人与低语境文化的人交往时，他们可能会因为后者需要大量明确的语言信息而感到不耐烦或愤怒。高语境文化的人可能更倾向于通过非语言的暗示、环境氛围和个人经验来理解交流的内容，而低语境文化中对语言信息的高要求可能会让他们觉得过于烦琐或不必要。

（2）在高语境文化的视角下，成员们倾向于认为低语境文化的成员可能在言辞上表现得更为雄辩，但这种雄辩并不总能转化为信任感。在高语境文化中，人们更重视行动和事实本身，而不是仅仅依赖于言辞的说服力。他们相信，有时候沉默胜于千言万语，信息的传递和理解可以通过非语言的方式，如情境、表情和肢体语言等，来更深刻地表达。

东方文化中流行的一句俗语"有理不在声高"，反映了这种价值观，即真正的道理和智慧并不需要大声宣扬，而是通过行为和内在的一致性来体现。同样，印度尼西亚的谚语"Empty cans clatter the loudest"（空罐头响得最厉害）也传达了相似的观点，它以一种幽默的方式指出那些声音最大的人可能并没有实质性的内容，暗示了对那些只擅长言辞而缺乏实质的人的批评。

（3）高语境文化与低语境文化的成员在交往过程中容易产生矛盾和冲突。前者在交往时不习惯直接明了，而后者则倾向于直接明了，因此很容易产生冲突和误解。

鉴于此，当两种文化的成员进行交流互动时，唯有在深入理解各自文化特征的基础上，并时刻关注在交际过程中对方文化的独特性，适时调整自身的交流方式与策略，方能有效弥合双方之间的文化差异，进而实现高效且顺畅的沟通交往。

（三）按照文化的表现形式来分

文化，特别是从广义上理解的文化，是一个广泛而复杂的领域，它构成了一个包含多个层次和丰富内容的统一体系。在这个体系中，学者们为了更好地理解和分析文化，提出了不同的结构层次模型。其中，一个广为人知的分析框架是将文化分为四个层次：物质文化、制度文化、行为文化和心态文化。

1.物质文化

物质文化构成了文化的表层，它囊括了人类在长期社会实践中创造的所有物质产品以及物质生产活动。这些物质成果是人类适应和改造自然以满足基本生存需求的直接体现。物质文化的核心在于它通过物质形态展示了人类的生活方式和技术水平，如工具、工艺品、服饰等。

另外，物质文化深刻地反映了人与自然之间的相互作用。当物质实体呈现高度的先进性时，这标志着人类对自然界的认知、利用以及掌控能力达到了较高的水平；反之，若物质实体相对滞后，则表明人类对自然界的把握程度相对较低。由此可见，物质文化在整个文化创造过程中扮演着至关重要的基础角色。

2.制度文化

制度文化，亦称为"中层文化"，这个概念是对人类在社会实践活动中所形成的一系列社会规范以及用来调整和规范彼此之间相互关系的各种准则的总称。具体来说，它涵盖了广泛的社会制度、社会组织、政治方面的规范，以及法律体系。

3.行为文化

行为文化，作为人类社会实践活动，特别是人际交往中的产物，指代那些经过长期积累形成的习惯性定式。这些定式以礼仪习惯、宗教信仰、民俗风俗、教育娱乐以及社会生活方式等多种形态展现，并体现为一系列可见的行为模式。值得注意的是，行为文化并非个人随心所欲地展现，而是承载着社会性和集体性的特征。

4.心态文化

心态文化，作为文化的核心与精髓，系指人类经过长期社会实践所培育出的价值观念、独特的思维方式、独特的风土人情以及审美情趣等主体要素。它承载着人类社会的核心观念，具有深远的影响。心态文化等同于社会意识，而社会意识进一步可细分为社会意识与社会心理两大层面。社会意识是经过理性提炼与加工的，是对社会存在的客观反映；而社会心理则更为直接地反映了人们日常的精神状态，它是未经深度理性加工的广大民众普遍心态的体现。

（四）按照文化的层次来分

从文化的层次或者档次上来说，可以将文化分为高层文化、民间文化以及深层文化。

所谓的高层文化，也常常被人们称作"精英文化"，这种文化是指那种相对而言具有较高雅情趣和深度的文化，它涵盖了诸如哲学、文学、历史、艺术、宗教等诸多领域。

所谓民间文化，又称为"通俗文化"，是指与人们生活紧密相关的文化，如生活方式、风俗习惯、人际交往方式、社会交往准则等。

所谓的深层文化，也常常被称作"背景文化"，这是一种隐藏于表面、不容易被察觉，但又对人们的行为和思想产生决定性作用的文化。这种文化涵盖了价值观念的取向、思维的方式和模式、对世界的理解和看法、个体的心理构建，以及对待事物的态度和情感反应等方面。这些深层文化的元素，虽然在日常生活中不那么显眼，但它们实际上构成了一个群体或个体行为和决策的基础，其与前面所提及的隐性交际文化内容大致相同。

（五）按照社会现有门类来分

从社会现有门类或者行业的不同类别和范围来划分，可以将文化分为饮食文化、建筑文化、服饰文化、园艺文化、娱乐文化、茶文化、酒文化等，这些都属于行业文化。除此之外，还有一种与此相关，但是涵盖内容略有不同的文化，即企业文化。这些不同内涵的文化顾名而可思义，故不在此展开详述。

三、文化的功能

文化发展对于人类社会的持续进步和高级化至关重要。文化作为一个复合体，由众多要素相互交织、相互作用，共同产生文化的功能，对人类社会的发展产生了深远的推动作用。

（一）意识形态功能

文化，作为上层建筑的观念形态，其本质与构成皆由经济基础所决定。

因此，文化的核心内容源于特定的经济关系，而利益关系和阶级关系则是经济关系的核心要素。在特定的社会环境下，人类作为文化的主体，始终处于一定的意识形态之中。人们在进行创作和想象活动时，无法脱离特定的社会背景，其思维方式亦受到意识形态的深刻制约与影响。同样，文化生产并非自由无束的创造过程，它在客观上受到特定阶级、集团利益的约束与影响。哲学、法律、道德、政治是文化的组成部分，都是带有意识形态的文化生产，即便是最具审美特征的文学艺术同样如此。意识形态是较高层次的一种特殊文化，是一种带着强烈的社会意识、阶级意识的观念系统。在阶级利益支配之下，每种文化形态对与异己性质对立的经济、政治现实进行批判，对与己同性质的经济、政治现实进行维护。在历史演进的洪流中，统治阶级终将走向消亡，而文化所承载的意识形态功能亦将逐渐淡化，最终转化为珍贵的文化遗产或传统，留存于后世。

（二）调节功能

在人类社会的日常生活中，人与人、人与自然、人与社会之间，以及个体情感与理智之间，均不可避免地存在着矛盾。针对这些矛盾的调和，文化扮演着举足轻重的角色。自人类社会步入阶级社会以来，社会、集体、个人三者之间的矛盾始终存在。在阶级对立的社会结构中，统治阶级不仅需要调和内部矛盾，还需处理与被统治阶级之间的矛盾。除了依赖法律手段进行调解外，文化中的道德准则和理想追求同样发挥着至关重要的作用。一个阶级处于统治上升期时，总是强化社会理想的功能，鼓舞全体社会成员为共同目标努力奋斗，这时，社会理想发挥自身作用，有力地调节着各个阶级间的冲突和矛盾。道德规范在调和个体与集体、个体与他人之间利益冲突的过程中，发挥着举足轻重的作用。此外，文化在调整人们的心理状态、优化生活品质方面也扮演着至关重要的角色。

（三）凝聚功能

同一民族的成员生活在一定的共同范围内，都会不同程度地被本民族的文化熏陶、感染，从而产生出取向相同的文化心理特点。每个成员有共同的思维方式、行为模式、生活方式、风俗习惯、道德观念，对本民族的同胞、文化有着天然的亲切感、认同感。这种普遍的心理特征，如同一条无形的纽带，将社会成员的心灵紧密相连。它不仅拥有将人们紧密团结起来的吸引力和凝聚力，而且这种力量是如此根深蒂固，以至于它超越了时间的流逝，成为一种集体潜意识的体现。在阶级分化的社会结构中，不同阶级之间可能存在深刻的分歧甚至对立，但当面临危机，共同的文化认同能够促使他们为了民族的整体利益而团结起来，展现出文化在促进团结方面的重要作用。

文化凝聚力还表现在对外来文化的包容和融合能力。一个文化通过吸收和整合外来文化的精华，不仅能够丰富自身的内涵，还能够促进文化的发展与创新。这种文化的开放性和适应性，使得文化得以持续进化，增强其活力。简而言之，文化的融合能力是其生命力和持续发展的关键，它使文化得以在不断变化的世界中保持相关性和活力。

（四）审美功能

审美作为人类独有的精神体验，其魅力在于能够触动人们内心深处的情感，使人们在欣赏美好事物的同时，感受到身心的愉悦与宁静，进而陶冶性情，净化心灵。人类通过审美活动洞察和体验世界，从而形成了对善恶、美丑的深刻见解。这一过程是人类文化由浅入深、由粗鄙向精致发展的体现，彰显了审美在文化中的重要作用。文化的审美功能不单纯是对美的欣赏，它涵盖了审美趣味、理想、知觉和享受等多个维度。审美趣味体现了个体对事物的审美理解与评价能力，这种能力与个人的文化修养和知识水平紧密相关。文化素养较高的人往往能够进行更为深入和全面的审美评价，他们能够洞察事物的内在美学价值，超越表面，触及本质；审美理想与世界观密切联系，反映了人们的实践愿望和需要，审美理想主宰着一个国家在一定时代的审美风尚、趣味和趋向；审美知觉是人可以感觉周围事物的美，辨析现实或艺术作品中的人所表现出的崇高与卑下、美与丑，同时体验到满意抑或不满意的感觉；审美享受，源于对生活与艺术中美好事物的深刻感知，其所带来的满足感与快乐感，不仅丰富了人们的情感体验，更在无形中从思想、道德、情感以及政治等多个维度对个体进行教育。这种教育过程潜移默化，使得政治原则、道德原则等成为构成人们精神世界不可或缺的部分，从而塑造出更为丰富、深刻的内在世界。

（五）娱乐休闲功能

人们在生活中为了更好地娱乐、休息而产生了文化的娱乐休闲功能。娱乐休闲一般指消除体力疲劳、恢复生理平衡和获取精神的慰藉。娱乐休闲是在社会必要劳动时间之后的人的生命状态和精神状态，它在人类社会进程中发挥着重要作用。历史阶段不同，人们的劳动生产方式不同，感到的疲劳和压力就会不同，所采取的娱乐方式方法也会不同。现代化生产给人们最大的感受是精神上的疲劳，人们在工作、劳动之余，到文化宫、音乐厅、图书馆等场所能得到文化的熏陶、精神的娱乐和休息，可以消除疲劳，为再生产积蓄能量。传统年代向工业、后工业时代转变过程中以及在将来，无论处在什么时代，人们都会需要娱乐休闲。文化的娱乐休闲功能对人的生活、发展具有重要意义。

第三节　文化与语言的关系

文化与语言之间存在着一种深刻的相互依存和相互塑造的关系。语言不仅是文化的表达工具，更是文化得以传承和发展的载体。同时，文化也塑造了语言的形态和使用方式，两者之间的关系是不可分割的。

一、语言与文化的表层关系

（一）语言影响文化

20世纪50年代提出的"萨丕尔-沃尔夫假说"（Sapir-Whorf Hypothesis）为我们理解语言如何影响文化提供了两个理论视角。

1.语言决定论

这一观点认为语言在很大程度上决定了人们的世界观、思维方式和行为模式。换言之，语言的结构和词汇限制或塑造了我们对现实的感知和理解。这种观点强调语言的中心作用，认为语言是文化和认知的决定性因素。

2.语言相对论

与决定论相对，语言相对论认为语言更多地反映而非决定我们的思维方式。这种观点认为，虽然语言对认知和文化有影响，但这种影响是有限的。人们的世界观和思维方式受到多种因素的影响，包括社会环境、个人经历和文化传统，而不仅仅是语言。

尽管萨丕尔-沃尔夫假说自提出以来一直存在争议，但它引发了对语言和文化关系的广泛思考。现代研究越来越倾向于认为，语言和思维之间的关系是复杂的，既有相互影响，也有独立发展。语言可能在某种程度上影响我们的思维方式，但这种影响并不是绝对的。

（二）语言反映文化

语言不仅是沟通的媒介，更是文化的载体，深刻地记录和表达着人类的多样性。以下是对语言如何反映文化的详细探讨。

1.语言反映生存环境

语言作为一种文化现象，不可避免地受到地理和自然环境的影响。不同的地理特征、气候条件和资源分布孕育了各具特色的地域文化，这些文化在语言中得以体现。例如，海洋文化中的航海术语、寒带地区的雪季活动描述、热带地区的植物命名等，都是语言对生存环境的直接反映。

2.语言反映风俗习惯

风俗习惯是社会文化的直接体现，它们在语言中表现为特定的礼节性表达、俗语和谚语。不同文化背景下的人们在礼仪、婚丧嫁娶、饮食习惯等方面有着不同的传统和规范，这些习惯在语言使用中自然流露出来。例如，不同文化对于礼貌用语的重视程度、对于面子的维护以及表达方式的选择，都反映了各自的文化特征。

3.语言反映宗教文化

宗教信仰对语言的影响同样深远。宗教文本、仪式用语和宗教故事常常融入日常语言之中，成为文化认同和交流的一部分。宗教特有的词汇和表达方式，不仅丰富了语言本身，也成为信仰和精神生活的象征。

4.语言反映民族心理

语言是民族心理的外化，反映了一个民族的价值观、世界观和审美观。语言中的隐喻、比喻和叙事方式往往与民族心理紧密相关，它们揭示了人们如何看待自我与他人、自然与社会的关系。在中国的伦理道德体系中，家族和亲属关系占据着重要位置，对于亲属关系的称谓具有细致的区分和深厚的文化意义。例如，在汉语中，哥哥的妻子称为"嫂子"，弟弟的妻子称为"弟媳"，而在英语中则统一用"sister-in-law"来表示，这反映出英语国家倾向于以法律的视角来界定和理解亲属关系，体现了其民族心理中对亲属关系的法律化处理方式。

二、语言与文化的深层关系

语言与文化之间存在着紧密的依存关系，彼此之间相互推动、相互制约。这种互动体现在不同语言之间的差异上，这些差异正是不同文化之间差异的具体反映。

（一）跨文化的冲突与融合

中英文化之间显著的差异性在语言交流中表现得尤为明显。英汉词汇往往难以实现彻底的对等，这种不对等不仅源自各自独特的词义起源，还根植于深层的民族文化内涵、所承载的文化信息和价值取向的差异。正如我们所了解的，语言是文化的载体，使用同一种语言的人们因共享相似的文化背景，在交流时倾向于形成共同的预设，从而使得言语行为更易于被对方理解，提高了交流的成功率。然而，在跨文化交流的情境下，缺乏对对方文化背景的了解可能会导致误解和冲突。

例如，一位中国商人与一位美国商人进行商务谈判。中国商人在谈判中会使用较为含蓄和委婉的表达方式，比如使用成语或比喻，期望对方能够理解其深层含义。例如，他可能会说："我们希望双方能够互利共赢，共同推动合作之船破浪前行。"在这里，"互利共赢"和"合作之船破浪前行"都是典型的中文表达方式，蕴含着对合作美好前景的期待。然而，美国商人可能更习惯于直接、明确的交流风格，他们倾向于具体、清晰的表述，直接讨论数字、条款和合同细节。对于中国商人的含蓄表达，美国商人可能感到困惑或认为缺乏具体性，他们可能回应说："我理解您希望我们能够达成协议，但我们首先需要明确具体的条款和数字。"这种差异可能导致谈判过程中的误解或沟通障碍。中国商人可能觉得美国商人过于直接，缺乏对关系的重视；而美国商人可能觉得中国商人的表达不够明确，难以把握其真实意图。

再比如，一个中国留学生刚到美国开始他的大学生活。在中国，他习惯了与朋友和同学分享个人生活的细节，比如家庭情况、恋爱关系甚至财务状况，这在中国文化中是增进友谊和亲密度的一种方式。然而，在美国，他发现同学们对于分享这类个人信息持谨慎态度。在一次聚会上，他问了一个美国同学关于其家庭收入的问题，这在美国同学看来是一种侵犯隐私的行为，因为在美国文化中，个人财务状况通常被视为私密且不宜公开讨论的话题。

跨文化的冲突确实有很多，社会风俗就占据不少。例如，一位日本商人前往巴西进行商务洽谈，希望建立新的业务关系。在日本文化中，赠送礼物是一种常见且重要的商务礼仪，用以表达尊重和建立良好的关系。因此，这位商人精心准备了礼物，准备在会面时送给巴西的合作伙伴。然而，在巴西，商务场合中的送礼习俗与日本有所不同。虽然礼物也是表示友好的方式，但时机、类型和价值的选择可能有很大差异。日本商人在初次会面时就送出了精心挑选且价值不菲的礼物，希望给对方留下深刻印象。但在巴西合作伙伴看来，这种举动可能被视为过于直接或甚至可能引起怀疑，担心是否存在附加条件或期望回报。

（二）词义与文化差异

语言作为跨文化交流的关键工具，不仅仅是沟通信息的桥梁，更是文化传承的重要载体。在外语学习中，理解语言与文化的关系至关重要，因为只有掌握了语言的文化背景，才能真正深入地理解和运用这门语言。词汇作为语言的基石，不仅承载着字面意义（lexical meaning），更蕴含着丰富的文化意义（cultural meaning）。

如果学习者仅停留在词汇的字面意义上，而忽略了其深层的文化含义，就可能无法完全理解某些表达的真正意图或内涵。例如，成语、俚语或特定语境下的词汇使用，往往蕴含着特定文化背景下的历史、传统或社会习俗，这些都是字面翻译所无法传达的。

以英文单词"aggressive"为例，国内学生在学习时往往会将其与"aggression"（侵略、攻击）联系起来，从而只认识到了这个词的负面含义。然而，在美式英语中，"aggressive"不仅仅有贬义，它还常常被用来形容一个人积极主动、有进取心，这在竞争激烈的美国社会中是一种受到鼓励的品质。

在美国的工作和学习环境中，如果不表现出一定的"aggressive"（积极主动），就可能错失良机。例如，在美国的大学课堂上，一旦教授提出问题，许多学生会迅速举手，甚至有人为了争取被第一个被点名的机会而站起来举手。其中，有些学生可能并不确定答案，或者对自己的回答不够自信，但他们仍然勇于尝试，展现出了敢于表达自己观点的积极态度。

在跨文化交流中，动物词汇在英语和汉语中的含义和象征往往存在显著差异。在中文里，将人比作"老黄牛"是一种赞誉，意味着此人工作勤勉、任劳任怨。然而，在英语中，使用"bull"（公牛）来称赞人并不常见，因为"bull"在英语中常常与"鲁莽、凶悍"相关联，如成语"a bull in a china shop"（莽撞的人）。如果将某人比作"bull"，在英语中可能带有不敬或负面的含义。

相反，在中国文化中，将人比作"狗"通常具有侮辱性，表示轻蔑或鄙视。而在英语中，"dog"并没有这种贬义，实际上，用"dog"来指代人是常见的，并且在很多情况下是中性甚至带有亲切感的。例如，英语中的表达"lucky dog"（幸运儿）或"top dog"（领导者）并没有侮辱性，而是带有积极或称赞的意味。

在英美文化中，"cat"一词常带有贬义色彩。例如，"copycat"用来形容那些盲目模仿他人的人；"cat-like"可能用来形容行为鬼祟、偷偷摸摸的人；而"cat's paw"则用来形容那些被别人利用而不自知的人。若称某女性为"fat cat"，则是一种极为侮辱性的说法，因为在这里"cat"可能指代一个心怀恶意的女性，而"fat"在英语中作为形容词用来形容人时，通常具有负面含义，这样的组合用来形容人，会被视为极其不礼貌。

相比之下，在中国文化中，"海燕"（petrel的一种）象征着勇敢和坚强，它们在乌云和风浪中翱翔，展现出不屈不挠的精神。然而，在西方文化中，"petrel"或"stormy petrel"往往带有不祥的预兆，用来形容那些带来麻烦或不安的人，这与汉语中的成语"夜猫子进宅，无事不来"预示不祥的意味相似。

此外，英语中的动物比喻习语也反映了与汉语文化不同的比喻习惯。例如：

（1）英汉语比喻所用动物（或人）不同

as brave as a lion（狮）勇猛如虎

as cheerful as a lark（云雀）欢喜雀跃

as hungry as a hawk（鹰）如同饿狼

as mute as a fish（鱼）噤若寒蝉

as obstinate as a mule（骡）犟得像牛

as plump as a partridge（鹧鸪）胖得像猪

as quiet as a mouse（鼠）静如处子

as sleek as a cat（猫）马屁精

as strong as a horse（马）体壮如牛

as stupid as a goose（鹅）笨得像猪

as tame as a chicken（鸡）驯如羊羔

as brisk as a bee（蜜蜂）轻快如燕

（2）英语比喻所用动物在汉语中不用

as blind as a bat（蝙蝠）瞎得很

as busy as a bee（蜜蜂）非常忙碌

as crooked as a dog's hindleg（狗的后腿）很不正直

as cross as a bear（熊）怒气冲冲

as fleet as a deer（鹿）异常快捷

as gaudy as a peacock（孔雀）十分华丽

as graceful as a swan（天鹅）姿态优美

as greedy as a wolf（狼）极为贪婪

as mad as a Marchhare（野兔）特别疯狂

as melancholy as a cat（猫）非常忧郁

as mild as a dove（鸽）十分温顺

as poisonous as a toad（蟾蜍）极其恶毒

as poor as a church mouse（鼠）特别贫穷

as proud as a peacock（孔雀）异常骄傲

as scarce as hen's teeth（母鸡牙齿）极为稀有

as tricky as a monkey（猴）诡计多端

在汉语中，"工业"一词通常翻译为英语的"industry"。然而，"industry"这个词在英语中并不局限于工业领域。例如，在西方国家，旅游业可以被称为"tourism industry"，为孤独老人提供服务的社会项目可以称为"loneliness industry"。同样，"hotel industry"和"transportation industry"也是常见的用法。

在英语中，"sexy"一词的中文翻译是"性感"。尽管如此，这两个词的含义并不完全相同。在美国，如果有人称赞某人"sexy"，这通常被视为一种赞美，被称赞者会感到高兴，并对称赞者表示感谢。这与称赞某人"beautiful"或"handsome"一样，都是人们喜欢听到的词汇。然而，在中国，如果有人说一位女士"性感"，她可能会感到不适。她可能认为说话者轻浮、不尊重，甚至可能有不良动机，因此可能会对说话者产生反感，甚至以咒骂回应。这种差异源于中美文化对同一词汇的不同理解和文化背景。

当描述某事物发展迅速时，汉语中常用"雨后春笋"来形容，而在英语中，我们说"spring up like mushrooms"。有趣的是，"bamboo"在英语中是一个外来词，因为竹子并不是英国本土的植物，这可能是由于气候条件的限制。由于英国缺乏竹子，也就没有春笋迅速生长的形象，因此英语中采用了生长速度同样快的"mushrooms"来比喻快速发展的事物。

中华文化孕育了众多独具特色的文化词汇，这些词汇在英美文化中往往难以找到直接对应的表达，形成了所谓的文化词汇空缺现象。例如，炒面、饺子、气功、武术，以及中医中的阴阳概念，这些词汇在英语中通常采用音译的方式引入。

英美文化中也存在一些在汉语中难以找到对应词汇的表达。例如，hoagie是一种类似于面包的食品，形状两头尖中间宽，通常从中间切开，夹入煎好的碎牛肉、奶酪和蔬菜。尽管在唐人街的一些餐馆将其音译为"后给"，但这种音译并未广泛流行。efficiency是一种没有客厅和正式厨房的一居室单元房，如果简单地称之为"独单"，则可能不完全准确。

此外，一些英语词汇如live-in（住在雇主家中的保姆、厨师或司机等）、dropout（因不满现实而选择退出社会主流生活的人）、streak（为了引起注意或轰动而进行的裸跑行为），在汉语中也没有直接对应的词汇。

文化差异同样影响了我们对事物的看法。在商业折扣方面，中文习惯于使用"九折""八五折""七折"等表达方式，关注的是折扣后顾客实际支付的比例。而在英语中，折扣通常以减去的金额来表示，如"10% off""15%

off""30% off"，关注的是折扣掉的部分。这种差异反映了不同文化背景下人们对同一事物的不同理解和表达方式。

在戏剧表演中，人物的登场被称为"entrance"，尽管这个词在英语中意味着"入场"，但在这里它指的是角色的首次出现。尽管"一入一出"在字面上看似相反，但在戏剧语境中，它们描述的是同一现象。

英语中的自学被称为"self-taught"，这里的"taught"意味着"被教"，虽然"一学一教"在动作上看似逆向，但两种语言中都指的是通过个人努力获得知识的过程。

汉语中的"电话"和"电视"都含有"电"字，这可能是因为它们都是以电为动力的设备。而在英语中，对应的词汇"telephone"和"television"则分别意为"远方的声音"和"远方的视野"，并没有直接提及电力。

在中国，数字"四"因其与"死"谐音而被认为是不吉利的，而在英语中，数字"four"与"die"没有谐音，西方人通常不会将数字与吉凶联系起来。相反，许多信仰基督教的西方人认为数字"13"不吉利，这与耶稣受难时的人数有关，而在汉语中，"13"并没有不吉利的含义。

英语中的"sofa"一词在汉语中被翻译为"沙发"，但汉语中的"沙发"并不总是对应英语中的"sofa"。在英语中，"sofa"通常指的是可供两三个人坐的长沙发，而汉语中的"沙发"一词的覆盖范围更广。相反，汉语中的"夹克"在英语中并没有那么广泛的应用。在英语中，"jacket"不仅指夹克，还可以指西服上衣或防寒服。有时，"jacket"甚至可以用来指代某种东西的外皮，例如土豆皮可以被称为"jacket of potato"。

（三）文化素质与文化心理

文化素质的内涵远不止于外语的基本功，它要求我们深入了解并掌握中外文化知识。外语工作者若缺乏深厚的文化素养，其外语才能的展现空间将受限。提升文化素质，不仅要理解词汇与文化差异，更要深刻洞察不同文化背景下人们的心理和价值观。

在中国，"岁寒三友"——松、竹、梅，不仅是一种自然景观，更是一种文化象征，代表着坚韧不拔、高洁清雅的精神品质。历代文人对这些植物的赞美,反映了深厚的文化心理和内涵。然而,这种文化心理在英美文化中并不常见。因此,将某人比作青松、翠竹、红梅在中国是一种常见的赞誉,但如果直接翻译成英语,可能会让英美读者感到困惑。

同样,"龙"在中国文化中是尊贵和吉祥的象征,与皇帝和民族精神紧密相连。但这种象征意义在英美文化中并不存在,龙在英美文化中往往被视为邪恶的生物。因此,将"望子成龙"直译为英语,不仅语法上可能不通顺,更在文化上难以为英美读者所理解。

《圣经》中的一些表达,如果直接翻译成中文,可能会让中国读者感到困惑。例如,"at the eleventh hour"不应直译为"在十一点钟",而是指最后时刻或危急时刻。同样,"Cain's heresy"译为"该隐的谬论"也难以传达其在西方文化中的含义,它实际上指的是《圣经》中该隐杀害弟弟亚伯的行为。"Serpent, the good shepherd"直译为"撒旦与好的牧羊人"也难以让中国读者理解其真正的宗教象征意义。

英语中还有许多来自希腊神话的词汇,如"apple of discord"(不和的苹果)和"nightingale"(夜莺),在英美文化中可能引发特定的联想,但在中国读者心中可能并不产生相同的共鸣。

英美人士常常认为中国人的思维方式与他们存在差异。中国人倾向于关注整体和大多数人的利益,而西方人更注重个体和局部。在教育领域,中国学校和教师强调集体进步,力求不让任何一个学生落后,而西方教育则更注重发掘和培养个别有特殊才能的学生。这种差异也体现在日常生活的方方面面。例如,当外国人受邀到中国人家中做客时,他们可能会对家中的某件物品表示赞赏,而中国人则更倾向于对整个房子的布局和装修表示赞美。

在医学领域,中医强调整体调理和治本,注重身体的气顺、气通和阴阳平衡,倾向于保守治疗;而西医则更侧重于局部治疗,如头痛医头、脚痛医脚,或通过手术直接解决问题。

在中国,家庭的集体性和团聚性是文化传统的重要组成部分。一个大家庭往往居住在一起或附近,以保持紧密的联系。家中的长辈,如祖父或祖母,被儿孙环绕,享受着几代同堂的荣耀和幸福。在《红楼梦》中,"老祖宗"的形象代表了家族的权威和尊严,家长或族长的权威是不容置疑的。传统文化中对祖先的尊敬是根深蒂固的,任何对祖先不敬的行为都被视为不可饶恕的罪行。在争吵中侮辱对方的祖先，是一种极其严重的冒犯，可能会引发无法平息的愤怒。

在中国，子孙的名字绝不能与祖先或长辈的名字相同，即使是谐音也是要避免的。这种避讳也体现在文学创作中，如唐代诗人杜甫，在他的诗作中从未使用过与父亲名字相同的"闲"字。当需要表达"闲"的意思时，杜甫会巧妙地使用同义词或短语来替代。这种做法在西方文化中可能难以理解，因为在西方，父子或祖孙同名是很常见的现象。

培养文化素质不是一蹴而就的，但只要多读书、多观察、多思索，就可以日积月累地提升。在面对中外文化的差异时，我们需要进行深入分析和对比，追根究底，查阅相关工具书。不论是翻译还是写作，都应确保语句有依据，切不可凭空想象。

举个例子，如果有人在阅读时碰到"a short list"这个短语，直接将其译为"短名单"，就是因为没有认真思考或查阅辞书。事实上，只要根据上下文或查阅词典，就能发现这个短语指的是参与竞争的人员中最有可能胜出的人，或者是经过筛选后的最终候选人名单。

再如，说某位女士是"bluestocking"，如果按字面理解为"蓝色长筒袜"，显然是错误的。在美国，bluestocking指的是文艺女青年或才女。这个词源于18世纪的伦敦，当时一些男女晚上聚会讨论书籍和文化，他们摒弃了空洞的谈话，进行有意义的讨论。女性穿着蓝色长筒袜以表明对当时烦琐华丽晚礼服的不满。因此，bluestocking实际上是指那些有才华的女性。

同样，"lame duck"不是指跛脚的鸭子，而是指那些即将卸任但尚未正式离职的官员或政治家。例如，一个国会议员在任期的最后几周内，由于即将失去权力，往往会被人们忽视或排斥。这个短语也可以用来形容那些在经济上破产且无力偿还债务的人，他们无能为力，只能像一只跛脚的鸭子一样蹒跚而行。这个短语起源于美国南北战争之后，原本是猎人的术语，猎人认为浪费弹药和时间在已经死亡或受伤的鸭子身上是愚蠢的。

通过这些例子，我们可以看到，许多英语短语都有其独特的历史和文化背景。理解这些短语的真正含义需要我们深入学习和思考，不仅要查阅词典，还要了解其背后的文化故事。这样，我们才能在跨文化交流中准确地理解和使用这些短语，避免误解和错误。

在全球化的浪潮中，文化素养成了衡量一个人综合素质的重要标准。它不仅包括对各种文化知识的广泛涉猎，更强调对本国文化的深刻理解和尊重。对于英语学习者而言，掌握英语的同时，也绝不能忽视对中华民族博大精深文化的认识和传承。正如古人所言："口悬西洋语，胸藏古文华"，这应成为每一位英语学习者和工作者的座右铭。

学习外语的中国人，不仅要积极吸收外国文化的精华，更要深入挖掘和传承中国文化的精髓。提升文化素养，要求我们能够包容并蓄，融合古代与现代、本土与外来的文化元素。尽管中国文化在某些方面存在不足，但其积极正面的影响无疑占据主导地位。中国文化不仅是我们理解世界文化的基石，更是我们探索和学习外国文化的起点。

历史经验告诉我们，传统文化与现代生产力的结合，能够激发出惊人的创造力和活力。例如，欧洲的文艺复兴运动，它以复兴古希腊文明为起点，为英国的工业革命提供了文化和思想的准备，最终促使英国经济的腾飞，成为世界强国。同样，有观点认为，日本近现代的崛起与其融合了以孔子为代表的中国文化、以明治天皇为代表的日本文化以及以麦克阿瑟为代表的美国文化不无关系。尽管这种说法可能存在争议，但无可否认的是，国民的文化素养对于一个国家的发展具有决定性的影响。

对于英语学习者来说，了解英语国家的宗教文化至关重要。宗教不仅是英美等国家人民生活的一部分，更是他们情感表达和精神寄托的核心。宗教信仰深深植根于他们的文化心理之中，成为他们生活中不可或缺的一部分。在英美国家，人们习惯于每周日前往教堂进行礼拜，平日里也会通过祷告寻求心灵的慰藉和上帝的庇佑。上帝在他们心中占据着至高无上的地位，这一点甚至体现在美国的货币上，无论是纸币还是硬币，都印有"In God We Trust"的字样，这是学习英语的中国人必须了解的文化细节。

与此同时，我们也应该认识到，中国文化的精神基础与西方宗教文化有着本质的不同。中国作为一个历史悠久的文明古国，其文化精神的根基并非宗教信仰，而是深厚的哲学思想和伦理道德。中国最早的文化经典，如儒家经典，以及诸子百家的著作，都是哲学和伦理思想的集大成者，这些思想构成了中国文化的精神内核。

在思维方式上，东方和西方文化展现了各自独特的特点。东方文化，尤其是中国文化，传统上强调和谐、忍耐、知足、中庸和节制，这些价值观突出了集体主义和整体和谐的重要性。中国人在为人处世、治学治家等方面，倾向于采取一种更为曲折迂回的思考方式，这种思维方式虽然同样注重现实和情感，但更倾向于理想化的表达。

相比之下，西方文化传统倾向于追求个人欲望、进取心、执着和极端，这些特点强调了个人价值和局部特征的重要性。西方人在思考问题时，往往采用直线型的逻辑和抽象思维，虽然同样关注现实，但更倾向于理性分析。

中国人倾向于将现实理想化，而西方人则倾向于将现实科学化。中国文化中的集体观念是一个核心理念，它推崇集体价值，认为个人利益应该服从集体利益，个人应当融入集体之中。因此，自私自利、自我吹嘘和自我炫耀在中国文化中通常被视为不道德的行为。

相反，西方文化中的一个重要理念是个人价值至上，它鼓励个人奋斗、独立和个人利益与个人意志的实现。西方社会对那些只顾自己、自我标榜和显山露水的行为持更为宽容和认可的态度。

总结来说，文化素质和文化心理是外语学习者必须深入研究和掌握的领域。具备丰富的文化素质和对东西方文化心理的深刻理解，对于真正掌握和运用所学外语至关重要。这种跨文化的能力不仅有助于提高语言学习的效果，也是促进国际交流和理解的关键。

第二章

交际综述

　　交际是人类社会中不可或缺的一部分，它涉及个体之间信息的交流和相互之间的互动。这种交流不单是一种文化活动，更是一种社会活动，它在社会环境中发生，并受到社会文化背景的深刻影响。自人类文明的曙光初现以来，不同文化群体之间就开始了各种形式的跨文化交流和接触。"跨文化交际"这个专业名词也日益被广泛应用于学术研究、教育工作、商务媒体等其他相关领域，因而对交际的知识以及跨文化交际的研究也就变得越来越重要。本章就主要结合交际的内涵、构成与特征，文化对交际的影响、跨文化交际和跨文化交际能力以及跨文化接触与实践进行探讨和分析。

第一节　交际的内涵、原则与特征

交际作为人类活动的基础，有人存在的地方就有交际。那么，究竟什么是交际呢？本节就结合交际的内涵、原则与特征进行分析和研究。

一、交际的内涵

交际是我们生活中的一个重要组成部分。人们之所以要交际，主要是因为如下几点原因。[①]

（1）我们需要满足自身的物质需求（We need to satisfy our material needs）。

（2）我们需要与别人取得联系（We need to connect with others）。

（3）我们需要控制别人的行为（We need to control the behavior of others）。

（4）我们需要表达自己的想法和情感（We need to express our thoughts and feelings）。

（5）我们需要探究周边的世界（We need to investigate the world around us）。

（6）我们需要传递新的信息（We need to pass on new information）。

（7）我们需要创设心目中的世界（We need to create worlds of the imagination）。

---

① 吴为善，严慧仙.跨文化交际概论[M].北京：商务印书馆，2009：23.

二、交际的原则

在成功的交际中，普遍认可的标准包括：能够获取所需的信息，同时采用一种双方均能接受的方式，这种方式应有助于维持和发展彼此之间的关系。

（一）平等

每个人，无论拥有多少知识，拥有多高的地位，都应该保证其在人格上的平等。因此，在人际交往中，不能够因为自己的能力、地位等抬高自己、贬低别人，这样就如同在自己与他人之间筑了一道墙，很难与他人进行和谐交往。

（二）尊重

人们都渴望得到尊重。在人际交往中，我们都应该尊重他人，不仅尊重他人的人格、隐私等，还需要尊重彼此存在的内在的、外显的心理距离，不应该去破坏这一距离，否则就是对他人的冒犯。很多时候，一个微笑、一个问候就是对他人的尊重。

（三）沟通

人们需要进行沟通，只有沟通，才能够增进彼此之间的了解，减少一些不必要的冲突和摩擦。越是不沟通，就越容易在彼此之间建立防线，这样就很难与他人真正的交融。另外，沟通需要主动，如果一味地让他人主动，那么就很难实现自己的"好人缘"。

（四）宽容

天下没有完全相同的两个人，每个人都有自身的特点，有自身的差异。

因此，在处理人际关系的时候，需要做到求同存异，保持一颗宽容的心。我们自己都有可能存在不完美，那么为什么还要求其他人完美呢？在人际交往的复杂情境中，我们应秉持宽容与理解的态度。在适当的情况下，应展现出对他人的宽容，即便他人犯错，也不宜过分苛责。我们应当给予他们改正错误的机会，以谅解和协助的态度，帮助他们纠正过失，进而实现个人成长和关系的和谐。

（五）欣赏

每个人都希望得到他人的肯定，这是一种心理需求。因此，在人际交往中，我们应该欣赏他人，以欣赏的姿态肯定他人，发现他人的长处，这样会给他人带来美好的心情，也容易构建和谐的人际关系。

（六）换位

在现实中，很多人习惯主观上判断他人，这很容易激发矛盾。因此，要想得到彼此的认同与理解，避免产生偏见，就需要学会换位思考。这里说的换位，即善于从对方的角度思考问题，体会对方的情感，设身处地为他人着想，这样才能不断解决问题，也可以减少一些摩擦。

（七）诚信

诚信关乎一个人的品质与形象。在现实生活中，存在不讲诚信的情况，甚至坑骗自己的亲朋好友，导致其信誉低下，这样会对人际关系的和谐造成不利影响。因此，我们需要诚信，从身边做起，从小事做起，不要失信于人。

（八）合作

在当今这个充满竞争的社会，人与人之间的合作同样至关重要。随着社会分工的日益细化，许多任务和项目需要团队协作才能顺利完成。这要求我们不仅要在竞争中寻求优势，更要在合作中寻找共赢的机会。

合作与竞争并不是相互排斥的，而是可以相互促进的关系。在合作的基础上展开健康的竞争，可以激发团队的创造力和动力；而在竞争的基础上进行有效的合作，则可以整合资源，实现共同的目标。这种相互依存、相互促进的关系构成了人际交往的基本态势。

如果过分强调竞争而忽视合作，很可能会导致恶性竞争，损害团队的和谐与效率。因此，在人际交往中，我们应该更多地倡导协商、沟通和合作。通过开放的对话，我们可以更好地理解彼此的需求和期望，找到共同的利益点，建立起基于信任和尊重的合作关系。

三、交际的特征

（一）社会性

交际是人类社会中不可或缺的一部分，它具有显著的社会性特征，这些特征深刻地体现了交际的本质。

（1）交际的社会性首先表现在交际主体的社会属性上。作为社会成员，交际主体能够识别、理解和运用各种交际符号。他们受到特定的思维方式和生活习惯的影响，因此能够采用多样的语言表达方式进行交流。在不同的文化背景下，交际主体逐渐形成了各自独特的交际文化。这些文化差异不仅丰富了人类的交际方式，也促进了跨文化交流和理解。

（2）交际活动对社会的发展和进步起到了重要的推动作用。通过交际，人们形成了不同的组织和群体，这些组织和群体是社会发展的基本单元。随着社会从初级阶段向高级阶段的演进，例如从农业社会向工业文明的转变，从传统社会向现代社会的发展，人们的生活范围也在从地域性向全球化扩展。这些变化都是在交际的推动和影响下发生的。因此，人们的交际活动不仅反映了社会的发展，也对社会的进步产生了积极的促进作用。

（二）符号性

交际的符号性体现于交际过程对于特定符号的依赖，这些符号作为信息传递的载体发挥着至关重要的作用。符号，作为一种标记或标识，用于指代特定的对象物，并在人们之间进行沟通交流时扮演着核心媒介的角色。

在人类的交际中，最基础的符号形式便是语言。

交际符号性深刻体现了交际的核心本质，进一步揭示了人类与动物在活动层面上的显著区别。诚然，动物之间亦存在交往行为，然而它们所依赖的主要是信号，而非构建完整体系的符号。唯有人类，能够利用符号进行交际与思维活动，展现出了独特的高级智能。

（三）情境性

社会交际并非孤立发生，而是在特定的社会环境中进行的，这些环境对交际有着不可忽视的影响，这种影响被称为交际的情境性。

情境性意味着交际行为需要适应其所处的具体环境。例如，在图书馆这样的安静环境中，人们通常会遵守不喧哗的规则。即使在必须进行交流的情况下，也会考虑到图书馆的特定环境，选择低声交谈，以避免打扰他人。这种对环境的适应不仅体现在声音的控制上，还体现在交际的内容、方式和风格上。

（四）目的性

交际活动，作为人类社会中不可或缺的一环，其核心在于交际者为实现特定目标而进行的沟通。这种目标性，即交际的目的性，体现了人们在日常生活与交往中的多元追求。针对不同的交际目标，交际者需审慎选择适宜的语言形式，以确保信息的准确传递与理解，进而促进交际目标的达成。交际目的与思维形式紧密相连，它是交际者为实现特定目标而设定的，因此，它超越了单纯的交际行为本身。在进行交际活动之前，交际者通常已明确自身的交际目标，这是交际活动能够顺利进行的基础。

（五）双向性

人类的交际活动是双向的，这种双向性是交际与其他单向传播活动的主要区别。在单向传播中，如观看电视或收听广播，信息流动是从一个明确的传播源（主体）流向接收者（客体），而接收者通常没有即时反馈的机会。

然而，在交际过程中，每个参与者都同时扮演着信息的接收者和发送者的角色。这种双向性意味着交际者在交流过程中不断地接收信息，同时也在表达自己的思想和情感。这种角色的不断转换体现了交际的互动性和动态性。

在交际中，每个参与者都是"交际主体"，因为他们都拥有表达自己观点的权利，并且能够对交流过程产生影响。这种主体性的体现是交际活动的核心特征，它强调了交流双方的平等性和参与性。

（六）自省性

符号的自省性，即个体运用语言符号或非语言符号来深入审视和反思自身的交际行为。在交流互动的过程中，人们不仅进行信息的交换，同时也对自身的交际行为进行观察、评估与适时调整，从而使得交际过程成为一个参与者不断自我反省与优化的过程。

（七）不可逆性

交际过程具有显著的不可逆转性。一旦交际信息被传递出去，便无法直接收回，而仅能通过后续的交流进行修正。因此，在交际过程中，我们有时不得不面对一些严峻的挑战。某些无意识的言谈举止可能会产生不良的影响，而发言者却往往未能及时察觉。

第二节　文化对交际的影响

文化是信仰、习俗、知识、法律、道德等的综合体。人类文化虽然受其自身条件和环境的限制而存在很多相似之处，但由于历史背景、价值观、生活方式等的不同，不同社会中的人们对事情的认识、行为表现以及所从事交际活动也呈现出了诸多差异。并且，文化对交际的影响主要体现在文化差异对交际的影响。在此将结合语言文化差异、背景文化差异以及风俗文化差异对交际的影响进行具体分析。

一、语言文化差异对交际的影响

语言文化差异对交际的影响具体体现在口语文化差异对交际的影响以及文学语言差异对交际的影响两个方面。

（一）口语文化差异对交际的影响

各个国家和民族都有其独特的文化传统，这些文化传统涉及社交礼仪、道德准则、思维方式等各个层面，并构成了各民族间文化的差异。语言作为人类文化的载体，这些文化差异又体现在各民族的语言交际中。例如，在一次汉语交流情境中，一位美籍教师在表述时间时出现了这样的表述："这本书我大前天再还给你。"这一表述引发了在场众多人士的欢笑，随后学生为其纠正为"大后天"。从这一简单的口语交际中，我们不难洞察到中西方在时间观念和表达方式上所存在的显著差异。

同时，文化的不同还体现在口语交际中问候和称呼用语、回答提问的角度、接受礼物的态度以及询问和回避私事的差异等方面。例如，汉语文化下人们见面打招呼则往往以对方的处境或动向作为关注点来发问，如"你吃过了吗？""您去哪里？"等。英语国家的人们在见面问候打招呼时一般不会涉及实质性的内容，而是问些纯属客套的问候语，如"It's a lovely day, isn't it？""How are you？"等。再如，汉语文化下对陌生人的称呼有时也像对亲属的称呼一样，但针对陌生人对象的年龄、身份等的差异，其称呼也各不相同，彼此有别，如称呼"大爷""大娘""大叔""大婶""大哥""大姐"等。英语文化中对陌生人的称呼较为简便。他们对男子统称"Mr."，对未婚女士统称"Miss"，对已婚女士统称"Mrs."。

（二）文学语言差异对交际的影响

语言和文化背景在文学表达上的不同，对交际的影响尤为突出。汉语中有许多富有象征意义的成语，如"静如处子，动如脱兔"，这个成语用来形容军队在未行动时的宁静和行动时的迅速，是对军队行动状态的生动比喻。而在英语中，类似的表达方式可能并不存在，英语使用者可能会用"as timid as a rabbit"来形容某人胆小，这与汉语中对兔子行动敏捷的比喻形成了鲜明对比。

在汉语文化中，某些动物形象带有特定的文化寓意，例如"狐狸精"常用来贬低那些被认为风骚妖艳的女性，而"狐假虎威"则用来形容借助他人势力来欺压他人的行为。这些表达方式反映了汉语文化中对某些动物特性的特定看法。

然而，在英语国家的文化中，狐狸的形象往往与机智和魅力联系在一起。在美国文化中，将性感迷人或聪明伶俐的女性称为"fox"，这与汉语中"狐狸精"的贬义用法大相径庭。在英语文化中，狐狸的这些特质被视为积极的品质，有时甚至被用作人的姓氏，如"Fox"，这显示了文化差异对同一动物形象的不同解读。

二、背景文化差异对交际的影响

背景文化差异对交际的影响主要体现在观念差异和社会关系差异对交际的影响两个方面。

（一）价值观念差异对交际的影响

价值观念是个体对待世界和生活的根本态度，它们塑造了人们在社会中的行为和决策原则。不同文化背景下的价值观念差异，在人际交往中的影响尤为显著。

以消费观念为例，中国人和美国人在这一领域存在显著差异。在中国，传统上人们倾向于储蓄和为未来做计划，这被视为稳定家庭和婚姻的一种方式。许多中国女性在婚后期望生育孩子，并希望家庭财富能够逐渐积累，这反映了对家庭稳定和未来安全的重视。

然而，在美国，某些男性可能对生孩子和储蓄持有不同的看法。他们可能更加重视夫妻之间的幸福感和生活的自由度，认为不应仅仅为了稳定而生孩子。对于储蓄，他们可能持有一种更为宽松的态度，认为收入应用于享受生活，而不是仅仅积累财富。

这并不意味着美国人不重视财务状况；事实上，他们通常将财产视为个人成功和社会地位的一个标志。然而，由于价值观念的差异，有时会导致跨国婚姻中的矛盾和冲突，甚至可能导致婚姻关系的破裂。

（二）社会文化差异对交际的影响

在许多西方国家，特别是美国，平等观念深入人心，成为社会交往的基石。人们无论经济状况如何，都期望得到他人的尊重，并且维护自己的权利不受侵犯。

这种平等意识体现在社会生活的各个方面。在美国，人们通常不会因为个人的出身或财富状况而感到羞耻或骄傲。相反，他们相信每个人都有机会通过自己的努力实现成功，无论其起点如何。这种观念鼓励了个人奋斗和自我提升，同时也促进了社会的开放性和包容性。

在这样的文化背景下，人们更倾向于根据个人的能力和贡献来评价他人，而不是他们的家庭背景或社会地位。这种价值观有助于打破社会等级的界限，鼓励人们追求自己的目标和梦想。

三、习俗文化差异对交际的影响

习俗文化是人们在日常生活中与人交往时所遵循的一种文化模式，它深植于民族的传统习惯和风俗之中。在为人处世的方式上，中西方展现出了不同的文化特征和思维方式。

在跨文化交流中，对不同民族习俗文化的理解和尊重至关重要。忽视这些差异可能会导致交际的失败，甚至产生误解和冲突。例如，在面对恭维时，中西方的态度和反应方式存在显著差异。

在英美文化中，当人们收到别人的恭维时，通常会以感谢的态度接受，并直接表达自己的感激之情，如回答 "Thank you" 或 "It's a wonderful dish!" 这种直接的表达方式体现了西方文化中对个人成就的认可和鼓励。

而在汉语文化中，受到传统文化的影响，人们在得到恭维或夸奖时，往往倾向于表现出谦虚的态度，可能会推辞并回答 "哪里，哪里，一点也不行。" "过奖，过奖，做得不好，请原谅。" 等等。当然，英美人也有很多表达谦虚的方式，如在谈到自己的贡献时用 "This is what I can do."，信的末尾写 "Your humble servant." 等。

总而言之，文化作为人的本质的编码系统和民族的特质，对文化差异的认知和了解就是探索如何解码和更好地在跨文化交际中进行沟通和交流，尽可能实现有效的表达，避免因文化障碍而导致的信息误解和交际失败。

第三节　跨文化交际和跨文化交际能力

我国从20世纪80年代初才开始对跨文化交际进行研究，相对于国外的研究而言，对跨文化交际的研究起步比较晚。截至目前，国内对于"跨文化交际"和"跨文化交际能力（ICC）"仍然没有明确的界定，但这两个话题已经成为国内人们的热议名词和学者们热心研究的课题。跨文化交际和跨文化交际能力是两个较为复杂的问题，国内外学界对其讨论见仁见智、众说纷纭。

一、跨文化交际

（一）跨文化交际的概念

跨文化交际是一个与同文化交际相对应的概念。同文化交际通常指的是具有相同文化背景的个体之间的交流。而跨文化交际则涉及不同文化背景的个体之间的相互作用和沟通。

然而，即便是在同一文化体系内，也存在着多样的亚文化群体。这些亚文化可能因为地区、民族、年龄、性别、教育水平、经济状况等因素的不同而展现出各自独特的行为模式、思维方式和态度。因此，即便是在同一主流文化之下，不同社会群体和地区之间的交流也包含了跨文化交际的元素。

（二）跨文化交际的学科背景

在当今这个国际交往日益频繁、全球经济一体化的特定时代背景下，跨文化交际作为一门新兴的综合性学科应运而生。它不仅是全球化趋势的产物，也是社会科学领域多学科交叉融合的结果。

跨文化交际的学科背景广泛，涵盖了多个与交际和文化相关的领域，主要包括言语交际学、文化语言学和社会语言学。

1.言语交际学

言语交际学作为语言学的一个分支，专注于探讨语言在人际交流中的规律和现象。这门学科的核心在于分析语言的使用情况，即语言在动态交际过程中的应用，并从中揭示其运作的规律。从一开始，言语交际学就从语言科学的视角出发，对言语交际行为进行深入研究。

在语言学界普遍认同的观点是，语言作为人类社会独有的一种社会现象，其主要功能是用于传递信息和交流思想。[①]这种特殊的社会现象体现了语言的生命力和社会价值。从根本上讲，语言是人类最重要的交际工具，它的交际功能是最为基本的，其他所有功能都是在此基础上发展而来。

基于语言作为社会现象的理解，言语交际学得以发展，学者们开始从交际的角度审视语言。言语交际学的研究重点不在于语言本身，而是在于分析各种因素如何影响言语交际，尤其是当语言被用于交际时所产生的效应。

言语交际学对跨文化交际的研究产生了深远的影响，特别是在探讨语境因素、语用规则等方面。尽管言语交际学主要研究特定语言系统内的语用规则，它并没有将重点放在跨语言或跨语用规则的比较研究上，这为后来的跨文化交际研究者提供了研究空间。

2.文化语言学

文化语言学视语言为民族文化的独特表达形式与符号系统，深入挖掘其中所蕴含的文化内涵。对于文化语言学者而言，语言不仅作为沟通的桥梁，更是文化传承与表达的媒介。其研究的核心目的，在于揭示语言在形式、结构、使用及演变过程中背后所承载的文化意义。

文化语言学强调语言与文化之间的紧密关系，认为人类的文化世界与语言世界相互交织，不可分割。为了深入理解语言中的文化元素，必须深入探

---

① 肖仕琼.跨文化视域下的外语教学[M].广州：暨南大学出版社，2010：11-18.

讨语言与文化间的相互作用。因此，语言与文化间的复杂关系构成了文化语言学的核心研究对象。

从时间维度审视，文化可被划分为现时文化与历史文化。现时文化指代当前的文化活动与现象，而历史文化则涵盖了过去的文化实践与遗产。这两者并非独立存在，而是共同构成了一个连续的文化统一体。文化的形态跨越时代，现时文化反映了历史文化，而历史文化则为现时文化提供了基础。任何民族文化的发展均基于其历史传统，并需对这些传统进行批判性的继承与发展。

语言作为人类心智活动的产物，与民族文化紧密相连，同时也是其他文化形式的延续与传承。随着时代的变迁，语言亦不断发展，展现出不同历史时期的特色。文化语言学不仅关注现代语言与现时文化的关系，亦深入研究历史语言与历史文化的联系，以满足新时代背景下对文化理解的迫切需求。

文化语言学对跨文化交际的研究产生了深远的影响，特别是在探讨民族语言与民族文化关系方面。尽管其主要关注点在于单一民族语言与文化的特定关系，对跨语言和跨文化的互动研究相对较少，但这也为跨文化交际研究提供了新的视角和领域。

3.社会语言学

社会语言学采用社会科学的视角，研究语言如何在不同的社会环境中变化和发展。它特别关注不同社会条件下出现的语言变体，以及这些变体如何反映社会结构和群体身份。

社会的本质在于共同的物质生产活动，这是人类社会生活的基础，也是人们相互交流和互动的起点。从社会语言学的角度来看，社会是由个体为了共同目标而组织起来的群体。这个定义虽然宽泛，但对于语言学研究却具有实际意义。社会的政治、历史属性是其他社会科学家的研究重点，而社会语言学家更关注社会的群体性和组织性。

语言可以被简单地定义为社会成员的口头表达，但这个定义并不全面。每个社会集团都有其独特的语言特征，这些特征不仅体现在语言系统本身，也体现在其文化构成中。社会通常是多语言的，许多人能够使用多种语言，并根据特定情境灵活选择使用哪种语言。这表明语言与社会是相互依存、相互影响的。

语言的产生与特定的历史环境紧密相关，它与人类的进化、社会交往以及个体发展都有着不可分割的联系。语言不仅是社会交际的工具，也是人类适应和理解世界的重要手段。

社会语言学对跨文化交际的研究具有深远的影响，特别是在探讨社会角色与言语行为之间的关系方面。然而，社会语言学主要关注特定语言与社会结构的关系，对于跨语言和跨社会交际的研究相对较少，这为跨文化交际研究提供了新的研究领域和视角。

二、跨文化交际能力

随着跨文化交际活动日益频繁，对语言能力的掌握具有很大的局限性，国内外许多学者也开始对跨文化交际能力进行研究。

（一）跨文化交际能力的概念

跨文化交际能力是指个体在多元文化环境中与不同文化背景的人进行沟通时所展现的能力。尽管学者们对这一概念的定义各有侧重，但普遍认同的两个核心要素是"有效性"和"适当性"。

一些学者将跨文化交际能力定义为在特定语境中展现的适当和有效的行为。这一定义强调了跨文化交际能力与具体语境的紧密联系，以及交际双方需要根据语境协调和构建得体性。

高一虹提出，跨文化交际能力是实现成功跨文化交际所需的能力和素质。①毕继万则认为，这种能力是一种综合能力，包括语言能力、非语言能

---

① 高一虹.语言文化差异的认识与超越[M].北京：外语教学与研究出版社，2000：21.

力、跨文化理解能力和适应能力。[①]陈俊森、樊葳葳、钟华进一步指出，跨文化交际能力强调与不同文化背景的人进行有效、适宜的交际。[②]

跨文化交际能力不仅关乎交际行为的得体性和有效性，还涉及交际者对行为模式、规范和社会角色的不同理解。不同文化背景的人可能对特定场景下的交际行为有不同的期待和判断标准。如果对方的交际行为与自己的行为规范不符，可能会引发负面情绪，如厌恶或不满。缺乏交际知识和技能，加上负面情绪的影响，可能导致跨文化交际的失败。

跨文化交际能力要求个体超越自己母语和目的语文化的局限，深入理解不同文化的思维方式和生活方式。学习者需要开阔视野，培养灵活的交际能力，以适应不同的社会文化环境。跨文化交际能力的培养与外语教学紧密相关，应在外语教学中得到重视和发展。

（二）跨文化交际能力的构成

跨文化交际能力，作为一个全面且复杂的概念，涵盖了学习者的多个维度，包括语言能力、认知能力、情感能力、关系能力、策略能力、操作能力以及情节能力等。尽管这一概念具有多维性，但通常而言，其主要构成部分可归纳为以下几个方面。

1.语言交际能力

语言交际能力，作为跨文化交际能力的核心基石，其涵盖范围远超过简单的语法知识。它要求个体不仅需掌握语言的基本结构，还需深入理解并灵活运用语言所承载的概念意义和文化内涵。此外，语言交际能力不仅体现在语言使用的准确性上，更在于其得体性，即个体需根据特定的交际场合、对象和时间，选择恰当的表达方式。因此，单纯的语言知识或脱离实际交际语境的语言技能，均不足以构成真正的语言交际能力。

---

① 毕继万.跨文化交际研究与第二语言教学[J].语言教学与研究，1998，（1）：71-73.

② 陈俊森，樊葳葳，钟华.跨文化交际与外语教育[M].武汉：华中科技大学出版社，2006：18.

2.非语言交际能力

将"交际能力"简单等同于"语言交际能力"是一种狭隘的看法。实际上，交际能力是一个更为全面的概念，它不仅包含语言交际能力，也包括非语言交际能力。

非语言交际能力指的是在沟通过程中不依赖于言语的交际方式。这些方式对于辅助语言交际，甚至在语言障碍出现时维持沟通的顺畅至关重要。非语言交际能力包括体态语（如手势、姿态等）、副语言（如语调、音量等）、客体语（如衣着、妆容等），以及环境语（如空间信息、个人距离等）。

在国际交往中，不恰当的非语言交际行为可能会产生消极影响。例如，不适宜的着装、忽视文化差异、缺乏对国际礼仪的认识等，都可能影响交际效果。

因此，在交际过程中，我们不仅要重视语言交际，也要注意非语言交际的得体性。了解并运用非语言交际手段，能够帮助我们更全面地表达自己，更好地理解他人，从而在多元文化的交流中取得成功。

3.跨文化适应能力

跨文化适应能力涉及交际双方在不同文化背景下的相互适应。它要求个体能够理解并认识不同文化背景下的交际对象，并对自己的行为、思维、情感和交际方式进行适当的调整，以便更好地融入新的文化环境，无论是在生活、学习还是工作中。

对于那些在国外生活和工作的人来说，适应异国文化环境往往是一项挑战。他们可能会遇到文化休克的现象，这是一种因文化差异引起的心理不适和困惑。应对文化休克不是通过逃避或冲突，而是通过积极地了解和认识这一现象，学会有效的应对策略。

文化休克是跨文化交流中普遍存在的现象，它并非某个特定文化的独有问题。面对文化休克，关键在于理解它、认识它，并掌握应对技巧。通过这种方式，个体可以培养出真正的跨文化适应能力，这不仅有助于缓解文化休克带来的不适，也是成功进行跨文化交际的关键。

4.语言规则和交际规则的转化能力

（1）语言规则与交际规则

语言规则构成了一套语音、词汇和语法的体系，它们是语言学习的基础。交际规则包括人们在相互交往中应遵循的行为准则，包括语言和非语言的交际行为。所有交际行为都不可避免地涉及这两类规则。在学习英语的过程中，我们不仅要掌握英语的语言规则，还需理解不同文化背景下的交际规则，因为每种文化都有其独特的交际准则。

不同文化背景下的交际规则存在显著差异，这些差异源自各自的风俗习惯、思维方式、价值观念和行为规范。文化差异导致交际规则的不同，而这在跨文化交际中尤为关键。例如，不同文化对于问候、表达尊重或建立关系的方式可能截然不同。

（2）交际规则转化的必要性

跨文化交际能力的学习不仅要求掌握语言规则，更要求理解并能够转化交际规则。在国际交往中，了解并适应国际交往规则是必不可少的。在英语教学中，我们不能仅仅侧重于语言规则的教学，而应同样重视交际规则的教育，以培养学生的跨文化交际能力。

在跨文化交际中，即使语言使用正确，如果违反了目的语国家的交际规则，也可能引起误解或反感。这种现象被称为"交际干扰"，是由于直接应用母语文化的交际规则而造成的文化误解。为了确保跨文化交际的成功，适当地转化交际规则至关重要。例如，汉语中的问候语不仅传达信息，还蕴含着情感和文化特色，直接翻译或照搬可能在其他文化中造成误解或冲突。

第四节　跨文化接触与实践

语言接触普遍存在，其核心是不同文化间的相遇。社会的各种动力，如经济、政治、教育和科技，悄然促进了文化的互动与交流，带来了多样化的跨文化接触方式，并为语言的交流提供了更广泛的机会。接下来，我们将具体探讨文化依附、摩擦、冲击、错位、语用失误以及跨文化培训等，分析这些因素如何影响跨文化接触的实践和适应策略。

一、文化依附

（一）文化依附的内涵

"文化依附"一词在不同语境下承载着不同的意涵。在经济、政治、文化等宏观内容语境中，"文化依附"通常指的是某一民族的文化对另一种文化的依赖性，并因此成为异文化的附属品，这一表述多带有贬义色彩。然而，在外语教学、语言学、翻译研究等专业领域，"文化依附"则特指外语学习者、教学者和翻译工作者在审视事物时所采取的文化立场，即他们是以母语文化还是目的语文化的视角进行考量，这一表述往往带有肯定性的意义。

（二）国家、民族间的文化依附

国家与民族间的文化依附，相较于文化自立，指的是某一文化团体将本有的文化价值观置于次要位置，而将异域文化价值观视为主导其思维与行为的标准。这种对异域文化的趋附，使得异文化占据指导地位，而本文化则沦为从属。

实际上，文化作为国家精神之象征，国家独立与文化独立均为各国所追求之目标。然而，由于政治、历史及地理等多重因素，部分国家在达成政治独立后，其文化上仍未能摆脱对其他国家的依赖。这种现象在前殖民地与前殖民主义国家间的关系中尤为显著。例如，韩国作为曾被日本殖民统治过的国家，其在文化层面对日本文化表现出较高的依赖性。

众多地区与国家的爱国人士均积极倡导摆脱文化依附，警惕被异文化同化的风险，并致力于唤醒民族文化意识。然而，在追求文化自主性的过程中，若过度强调民族中心主义，不仅不利于跨文化交流，还可能引发不良后果。

（三）外语教学中的文化依附

在外语教学领域，文化依附反映了教学者在教学过程中所倾向的文化身份和归属感。具体来说，这涉及教学者在言行中所体现的是哪一种文化特质。

高一虹对中国英语教师面临的文化依附矛盾进行了深入探讨，指出这些教师虽然根植于中国文化，但在学习外语的过程中也吸收了西方文化元素，这可能导致他们在教学中不自觉地融入西方的思维和行为模式。[①]学生在学习英语时，也可能会对中国和西方文化标准和视角感到困惑，常见的问题是学生倾向于用中式思维来表达英语，从而产生所谓的"中式英语"。

在对外汉语教学中，文化依附的矛盾同样显著。教师作为中国文化的传播者，需要向具有完全不同文化背景的学习者传授汉语和中国文化，这要求他们在教学中灵活选择文化依附，以满足学习者的需求。

因此，在外语教学中处理文化依附应注意以下两个方面：

（1）为了帮助学习者更准确地掌握外语，教学不应过分坚持母语文化。

（2）对目的语文化的依附应该是一个逐步的过程，需要充分考虑学习者的接受能力。例如，对于英语水平较高的中国学生，可以适当采用西方的教学方法或介绍一些欧美文化背景，但同时要掌握好度和时机，避免盲目追随，保持教学的独特性。

---

① 高一虹.语言文化差异的认识与超越[M].北京：外语教学与研究出版社，2000：21.

（四）跨文化交际中的文化依附

从本质上讲，无论是国家或民族间的互动、翻译工作，还是外语教学，文化依附都是跨文化交际中的关键议题。它们之间的主要区别在于交际的性质和文化群体的互动方式：国家或民族间的文化依附涉及不同文化群体间的直接交际，翻译中的文化依附则可能是单向的或反馈有限的交际，而外语教学中的文化依附则更多发生在具有共同文化背景的群体内部。

有效的交际依赖于信息的发送者和接收者共享相似或相同的语言系统，但语言的共享并不保证交际的成功。文化依附是影响交际的另一个重要因素，它决定了交际双方以何种文化身份参与交流，以及他们对彼此文化依附的预期。

在跨文化交际中，如果信息的发送者和接收者选择了不同的文化立场，并且对这种差异缺乏预期，那么信息在编码和解码过程中很可能会偏离原意，导致信息失真。

此外，跨文化交际中还可能遇到文化依附的悖论，即交际双方虽然拥有不同的文化背景，却使用代表第三种文化的语言表达。这引发了关于应依附于哪种文化，以及编码和解码应依据哪种文化价值观的问题。如果处理不当，可能会导致文化错位。

因此，在跨文化交际中，文化依附的选择需要根据具体语境进行细致的分析和考虑。理想的交际状态应该是平等和对话式的，避免对任何一种文化过分依赖或偏向。

二、文化摩擦

（一）文化摩擦的内涵

在《现代汉语词典》中，摩擦被定义为两个物体在接触时因相对运动或即将运动而产生的阻碍力。借鉴这一定义，我们可以对文化摩擦进行深入分析。文化摩擦并非总是负面现象，它源于不同文化之间的"密切接触"。正是在这种接触中，不同文化间的差异和特性得以显现，从而产生了摩擦。

文化摩擦是社会交往中的一种常见现象，它可能发生在个人层面，也可能涉及组织、团体，甚至国家等更广泛的社会层面。这种摩擦有时可能导致关系紧张或不和谐。然而，它也可以被视为一种积极的互动过程，通过这种过程，不同文化可以相互了解、学习和成长。因此，文化摩擦既包含挑战，也蕴含机遇。

（二）文化摩擦的原因

在人际交流中，个体的言行不仅深受其文化背景和价值观的塑造，同时也是其所属文化价值观念、社会习俗和思维模式的体现。面对同一现象，不同的文化视角往往会导致不同的理解和结论。用自己文化的标准去解读其他文化的言行，常常会引发冲突和误解。文化摩擦的成因可以从以下两个方面进行分析：

（1）文化多样性的影响：在多元文化的背景下，人们在思考方式、生活习惯、价值观念等方面展现出各自的特点。在跨文化交流中，这些文化特性的差异可能会引发摩擦。例如，在印度教徒占多数的社区开设出售牛肉的快餐店可能会引起冲突，麦当劳在印度的分店因此只提供不含牛肉的产品。

（2）文化中心主义和刻板印象：过分依赖本民族文化，甚至带有民族中心主义倾向，以及对他人进行简化分类，形成刻板印象，也是文化摩擦的根源。过分依赖本民族文化可能表现为将自己的价值观强加于他人，或仅从自己的角度理解他人。而对他人进行简化分类，如将美国人一概视为大胆开放，法国人一概视为浪漫，这种刻板印象可能会忽视个体差异，导致交流失败。

除此之外，文化摩擦还可能由其他因素引起，如对对方言行的误解、对某种文化持有的偏见等。有效的跨文化交流需要我们认识到这些潜在的障碍，并努力克服它们，以促进不同文化之间的理解和和谐。

（三）文化摩擦的特征

文化摩擦是一个多维度现象，其核心可以细分为内容、关系以及独特的文化价值冲突三个层面。具体而言，内容维度聚焦于信息传递的实质，即"交流的内容是什么"。它关注的是信息本身的意义与解读，是文化摩擦的直接起因之一。关系维度侧重于交流的主体与方式，即"谁在说，以及他们是如何说的"。它涵盖了交流者的身份、地位、使用的语言风格及非语言信号等因素，这些因素往往因文化背景的不同而产生差异，进而影响交流效果。文化价值冲突维度作为文化摩擦独有的且基础性的层面，它强调了不同文化体系间价值观、信仰、习俗等的碰撞与不兼容。这种深层次的差异是文化摩擦最根本的根源。

根据文化摩擦的三个维度，我们可以进一步理解其特征：

（1）文化差异的根源性：文化摩擦与一般冲突不同，它不仅限于言语内容或交流方式，而是基于深层次的文化差异所引起的碰撞。这种差异可能体现在价值观、信仰、习俗等方面，导致人们在理解对方时产生偏差。

（2）动态因素的复杂性：文化摩擦受到多种动态因素的影响。在交流过程中，交际者基于自身文化背景对言语和行为有一定的预期。然而，由于文化差异，这些预期可能与实际情况不符，从而影响交流效果，引发摩擦和误解。

（3）小事引发的连锁反应：许多文化摩擦起初可能只是小事，但由于文化差异和误解，这些小事可能会逐步升级，导致矛盾和摩擦加剧。在双方的文化群体中，这种情况可能会引起强烈的情感反应，甚至可能演变成更大规模的冲突。

（四）缓解和消除文化摩擦的方法

缓解和消除文化摩擦的方法有很多，在此主要从以下两个方面加以分析。

（1）学习和理解异文化。学习异文化的方式多种多样，如广泛地阅读跨文化的相关报刊和书籍、参加异文化的培训、同各种文化背景的人们进行交流以及借助各种媒体了解异文化的相关知识等。

（2）在了解异文化的同时，深入地了解自身文化并培养对自身文化的敏感性，打破思维上的定性观念框架，在阅读和积累文化知识的同时不断提高跨文化交际的技能。

此外，面对已发生的文化摩擦，要想有效地消除和解决，还应首先具备解决矛盾的诚意。威廉姆斯（Williams）将文化摩擦的解决分为以下四个阶段。

（1）交际双方对对方冒犯自己的具体行为进行详细描述。

（2）对对方的文化视角加以了解，看对方是从哪种角度来看待问题的。

（3）对以往对方文化处理这类争端问题采取的方法进行了解。

（4）找出相应的解决方法，若这种矛盾和摩擦不仅是因为相互间的误解，而是因为两种文化价值观的不可调和，那么解决起来更为麻烦和复杂。

三、文化冲击

随着中国社会国际化程度的加快，出国旅游、留学、移民等现象已经越来越普遍，人们在感受异国文化的同时，也难免会感到心理、生理等方面的失调和震动，有学者将其称为"文化冲击"。

（一）文化冲击的内涵

"文化冲击（culture shock）"这一概念最早由比立斯与汉弗瑞在1957年首次提出。也有人将其译为"文化休克"。culture shock一词在1958—1960年间被美国文化人类学家奥伯格（K.Oberg）多次使用并逐渐得以普及。不同学者对文化冲击有着不同的界定。

根据文化人类学家霍尔（Hall）的观点，文化冲击指的是自己离开或失去所经历的大量熟悉的环境并被不熟悉的环境所取代的现象。

星野命教授，作为国际基督教大学的杰出学者，在其专著《文化冲击》中，深入剖析并归纳了文化冲击的多元面向。他阐述道，当个体置身于一种与自身原有文化——包括其生活方式、行为准则、人际关系网络及价值观等——存在一定程度差异的新文化环境中时，首先会遭遇的是情感层面的强烈冲击与认知上的不协调。然而，文化冲击的影响远不止于此，它进一步引发个体身心层面的不适感，甚至可能逐渐累积成一种潜在的、长期存在的焦虑状态，深刻影响着个体的心理状态与适应过程。[①]

由此可见，文化冲击是指在适应新的文化环境时，由于失去了所熟悉的社会规约、社会符号以及人际交往规则而产生的生理或心理方面的问题。

（二）文化冲击的原因

由上述对文化冲击定义的分析可知，文化冲击是一种由文化差异所引起的文化现象。日本学者近藤裕在其著作《文化冲击的心理》中，对文化冲击的成因进行了详尽的总结，如图2-1所示。

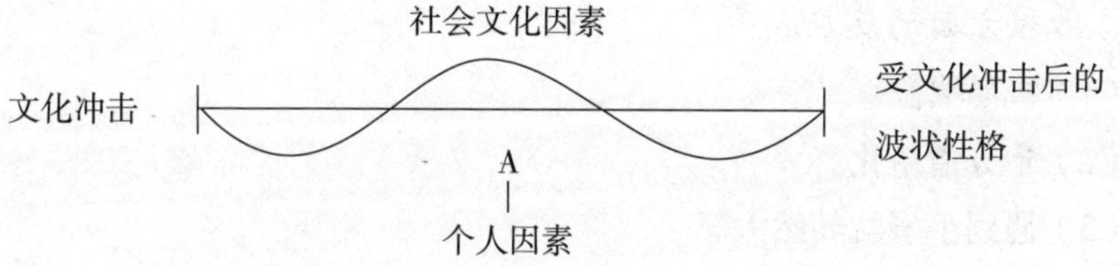

图2-1 "个人（心理）—文化的现象"的文化冲击成因图
（资料来源：陈俊森、樊葳葳、钟华，2006）

日本著名文化人类学家星野命也将文化冲击严谨地定义为"个人（心理）—文化的现象"，并持有理性观点，认为文化冲击的产生是源于社会文化因素与个人因素的相互作用。在这两种因素的共同影响下，经历文化冲击的个体在生理与心理状态上将会呈现出一种波动性的变化，即所谓的"波浪式"变化。例如，思想保守、性格内向的中国学生由于不适应美国课堂上讨

[①] 陈俊森，樊葳葳，钟华.跨文化交际与外语教育[M].武汉：华中科技大学出版社，2006：183.

论、提问等而变得更加沉默寡言，但思想开放、性格活泼的学生则能很快适应。

（三）文化冲击的反应

日本学者近藤裕基于个人亲身经历，对文化冲击在生理与心理层面所引发的各种反应进行了系统总结。

1.生理方面的反应

（1）头痛和肩膀酸痛。

（2）白天昏昏欲睡。

（3）失眠次数日益增加。

（4）食欲不振，非常想念本国的食物。

2.心理方面的反应

（1）极易哭泣。

（2）十分情绪化。

（3）遇到小事就勃然大怒。

（4）日益感到烦躁不安。

（5）性格变得内向，经常沉默寡言。

3.人际关系方面的反应

（1）经常独来独往。

（2）爱对孩子乱发脾气。

（3）很容易和同事、上司发生口角。

（4）频繁地给国内亲友写信或打电话。

（5）随着个人对外部支持的依赖性日益增强，即便是一些微小的日常事务也开始倾向于依赖他人的协助与决策。

4.其他社会生活方面的反应

（1）易发生车祸。

（2）无节制抽烟、酗酒。

（3）工作上丧失自信心。

（4）疯狂参加各种宗教活动。

（四）文化冲击的案例实践

文化冲击是众多赴海外生活者常常面临的普遍挑战。很多人对异文化环境中所受的冲击和震撼作了记录。例如：

在陈冲的传记中，她通过信件的形式，生动地描述了自己初到美国时的感受和经历：

"……时间一天天地过去，结识的朋友比原来多了，生活也比较习惯了，但思乡之苦却丝毫不见好转。……我所思念的不仅仅是家庭的亲情，朋友们的友情，而是整个文化——与我相关的一切。……文化上的隔绝远远超出语言上的障碍。我想去了解、接受和适应，然而又本能地拒绝和抵制。这种感受，没有亲身体验的人也许是很难理解的。……我现在居住着有各种现代设施的屋子，但我却仍想念国内那种简朴的生活……还想到以前在家里常常吃大饼油条，现在回忆起来，引起我的强烈乡愁，似乎那才是我的生活。"

陈冲是20世纪80年代去美国留学的，但从20世纪80年代至今，虽然我国和发达国家的差距在缩小，但其在国外所感受到的文化冲击却丝毫未减。又如：

"对于新移民来说，来到加国就等于一切从头开始，无论是生活、学习，还是工作。'文化冲击'将在最初的一段时间里无时无刻不影响着你，改变着你……交通、购物等方面的问题随着时间的推移似乎可以慢慢地淡化，可是文化上的真正差异才是最难克服的。"

四、文化错位

（一）文化错位的内涵

通常情况下，增进相互理解与移情是提高跨文化交际的有效方法。但是，如果观察得当，我们会发现这种方法有时也可能成为交流的障碍。例如，日本人说"考虑考虑"时，实际上是一种委婉的拒绝方式。而在汉语中，"考虑考虑"则通常表示还有进一步讨论或同意的可能性。如果一个中国人不了解日本人在言语行为上的文化规范，而是基于中国文化背景去理解日本人的"考虑考虑"，那么他可能会错误地抱有希望，最终导致期待落空，甚至产生交流上的误解。这种情况被称为"一次误解"。

如果信息的发送者（日本人）对接收者（中国人）的文化背景有充分的了解，并期望接收者按照"考虑考虑"的字面意思来理解，而接收者也确实是基于中国文化背景来赋予这个信息意义，那么交流就是有效的。但是，如果接收者不仅对日本文化有深入的理解，而且能够从日本文化的角度来接受"考虑考虑"的信息，并基于对文化的理解而不再抱有期待，那么即使在这种情况下，也可能会产生误解。这种误解被称为"二次误解"，如图2-2所示。

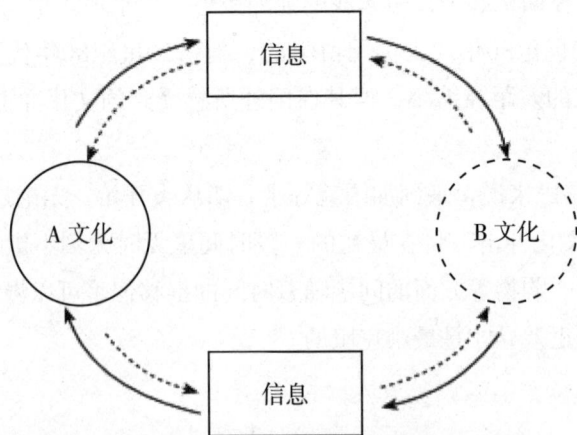

图2-2　跨文化交际中的文化错位

（资料来源：陈俊森、樊葳葳、钟华，2006）

在图2-2中，圆圈内的虚线方框代表A文化成员对B文化的依赖，而方框内的虚线圆圈则代表B文化成员对A文化的依赖。基于这种视觉表示，我们可以对文化错位进行如下定义：

"文化错位发生在跨文化交流中，当交流双方尝试站在对方的文化立场上传递、接收和理解信息，但由于文化差异和误解，导致信息的接收和解释与发送者的原意不符，从而产生二次误解。"

（二）文化错位的发生

文化错位通常由多种因素引起，其中一个常见原因是人们在与外国人交流时，倾向于主动适应、顺从或迁就对方，主观地认为本国的文化规范或交际规则可能不适用于国际交流环境。以下是一个具体的例子：

在国际期刊发表学术论文时，一些中国学者可能会遵循西方的习惯，将名字放在姓氏之前。然而，西方的编辑可能了解中国的姓名习惯，即姓氏在前，名字在后。出于对作者的考虑和适应西方习惯的目的，编辑可能会将作者的署名顺序颠倒过来，以期达到更好的交流效果。但这种做法反而可能导致了适得其反的结果。

这个例子说明，在跨文化交流中，仅仅换位思考是不够的，还需要深入了解对方的文化习惯，保持沟通，并灵活适应。

（三）文化错位的防止

在跨文化交际中，为确保理想的交际效果，必须竭力避免文化错位现象的出现。由于众多跨文化交际活动依赖译员作为媒介，交际双方各自使用母语，要求他们遵循共同的文化规约确实存在难度，且部分译员的调整能力亦有所局限。

因此，为实现跨文化交际的理想状态及双赢目标，防止文化错位，我们需要在动态环境中维系和谐、自然的关系。具体而言，可以通过对话式的交际方式，确保不忽视或怠慢任何一方，并在相互尊重、相互肯定的基础上展开对话式交往。这种方式有助于减少文化冲突，促进有效沟通，从而达成理想的跨文化交际效果。

五、语用失误

（一）语用失误的内涵

语用失误，指在跨文化交际中所遭遇的障碍，具体表现为语言学习者在运用目的语与目的语国家人士沟通时，因对语言及非语言环境、对话主题、双方关系以及共有文化背景知识的认识不足，导致的误解与对话中断，进而致使交际的失败。英国语言学家珍妮·托马斯（Jenny Thomas）对语用失误的定义进行了精确阐述，她指出这种失误源于对言词背后隐含意义理解能力的缺失。我国学者洪岗对语用失误的原因进行了分类，主要包括两方面：

（1）忽视或缺乏对交际双方社会、文化背景差异的认知；

（2）在交际过程中，外语学习者使用目的语时不符合本族语的语言习惯，错误地套用母语表达方式。

（二）语用失误的分类

根据托马斯的理论，语用失误可被划分为两大类：语用语言失误和社交语用失误，每种失误都有其特定的成因和特点。

第一，语用语言失误：这类失误主要与语言能力相关。以英语为例，英语中存在许多独特的表达方式，如果学习者未能掌握这些习惯用法，或错误地应用了英语表达，甚至直接将母语的语义和结构硬套进英语中，就可能产生语用语言失误。这种失误通常源于对目标语言规则和习惯的不熟悉。

第二，社交语用失误：社交语用失误更多地与文化差异相关。在实际交流中，如果因为不熟悉对方文化背景而导致在语言形式选择上的失误，就构成了社交语用失误。这类失误与交流双方的社会角色、语境、话题的熟悉程度等因素紧密相连。例如，中文中表达关心可能会使用较为直接的劝告，如"你应该多穿点衣服"，这种表达在英语文化中可能被视为过于亲昵或命令式的口吻，不符合成人间的交流习惯，从而造成社交语用失误。值得注意的是，社交语用失误不应简单地被视为错误，它们反映了学习者的文化价值观和背景。在英语教学过程中，通过教师的引导和学习者之间的互动讨论，有助于学习者辨识并理解两种文化的差异，这对于提升他们在跨文化环境中的交际能力至关重要。

（三）语用失误对交际的影响

语用失误在跨文化交际中的影响是多方面的，可以从以下几个角度来具体理解：

（1）认识语用失误的客观性：作为文化的一部分，人们在交际时不可避免地会受到母语文化的影响。由于行为和思维模式的根深蒂固，母语的影响和迁移是难以完全避免的。虽然我们应努力减少语用失误，但它们的存在具有一定的客观必然性。

（2）正视语用失误的潜在负面影响：在跨文化交流中，语用失误可能被解读为教养不足或不友好的表现，这可能导致误解和沟通的中断。与表层的语言结构错误不同，语用失误更深层次地触及了文化差异和交流障碍。

（3）评价语用失误的积极作用：在跨文化交流的过程中，我们应该追求一种平等的交流模式。虽然理想状态是双方都能相互理解和被理解，但实际上，跨文化交流是一个充满动态和冲突的过程。这些冲突和碰撞有时可以加深双方的理解和认识。因此，语用失误也可以被视为促进跨文化理解的催化剂，是推动平等交流的机遇。通过客观积极的态度看待语用失误，我们可以将其作为增进跨文化交际理解的工具，促进不同文化之间的共存和融合。

六、跨文化培训

（一）跨文化培训的内涵

跨文化培训是一项专门设计的教育过程，它通过一系列课程，对参与国际交流的个人或团体进行目标语言和文化的教育，目的是让他们熟悉和理解其他国家的风俗习惯，以减少文化差异带来的冲突。

从某种角度审视，跨文化培训的核心目标在于助力个体在与异文化产生交集或置身全新的文化语境中，更为有效地适应工作与生活节奏。此类培训服务的受众广泛，包括但不限于政府委派人员、企业外派员工、考察投资专员、外资企业管理层以及经营涉外业务的企业员工等。

（二）跨文化培训的模式

通常而言，可将跨文化培训的模式分为体验学习和知识传授两大类。但关于跨文化培训的模式，不同学者提出了不同的看法。

（1）根据古迪昆斯特等人的观点，跨文化培训的模式可分为行为、知识、文化自省、交互和区域模拟五种。

（2）根据特里安第斯等人的观点，跨文化培训的模式可分为认知培训、效果培训、特殊培训、自制力培训以及一般培训等。

（3）波利斯林则对以上观点进行了综合，提出了认知培训、经验培训、文化自省培训、归因培训、行为修正培训。

（4）本特内对古迪昆斯特等人的研究做了改进，他提出了自行模式、知识模式、文化意识模式、区域培训模式。

（5）陈国明等人在《跨文化交际基础》中将跨文化培训的模式归纳为六类，即文化意识模式、课堂模式、自我意识模式、行为模式、交互模式以及模拟模式。

（三）跨文化培训的内容

通常而言，无论采取任何模式，跨文化培训的内容都包括以下几个方面。

1.语言培训

语言是文化的直接体现与承载媒介，同时亦作为交流之基本工具。因此，在跨文化培训中，语言的学习与掌握占据着核心地位。交际双方通过深入学习和理解对方的语言及其表达方式，有助于有效消除沟通壁垒，实现更为顺畅的交流。

2.对异文化的了解和认识

经由深入探究和领悟异文化的精髓，我们能够达成跨文化理解的目标，进而促进交际活动的顺利进行。此过程亦包含对他国文化的深刻理解与文化移情能力的培育，这要求个体在适当程度上超越本土文化的局限，摒除"心理投射的认知类同"的偏见，从另一参照系审视自身文化，并对他国文化保持一种客观超然的立场。

3.文化敏感性和适应性的培训

文化敏感性和适应性的培训主要涉及以下两方面的内容。

（1）对当地文化和其他文化的主要特点，以及经济、政治、道德、历史、商业行为、社会等方面的知识进行系统培训。

（2）为提升学员的文化特征分析能力，我们将实施专项培训，旨在深化其对文化差异核心要点的理解，并明晰不同文化如何塑造和影响个体行为。通过完善且系统的文化敏感性培训，学员将能够更精准地审视自身行为，深入理解具体活动过程中的文化元素，进而在集体活动中增强判断和解决问题的能力。这一过程旨在逐步增强学员对多元文化的适应能力，以更有效地应对文化冲击，降低在不同文化环境中的挫败感和不适感，并极力避免对他国文化形成偏见，促进跨文化交流的开放性和包容性。

4.跨文化冲突处理能力的培训

对处理跨文化冲突沟通问题的最佳方法进行培训主要是让不同国家和国籍的学员在一个班级上课，并在课堂中相互合作。在合作中谈论事情的现状、文化差异以及应该怎样去做等内容。此外，还可以通过国外培训、外地旅行、观看录像等方式来增强沟通和处理冲突问题的能力。

（四）跨文化培训的技巧

在跨文化培训领域，最为常见的技巧包括案例分析、文化同化策略、角色扮演练习、事件评论以及情景模拟。这些技巧旨在通过不同的方式，帮助参训者更好地理解和适应不同文化背景下的沟通与交流，从而提升其跨文化交际能力。

（1）案例分析是指培训者演出或给出一个具体、逼真、生动的跨文化事件，并要求被培训者分析、思考、讨论并得出结论，让他们从事件中的不同身份角色去看待这一事件，对不同文化背景下人的思维模式、行为模式进行认识和理解，并分析交际可能造成的结果。

（2）文化同化涵盖了具体案例、潜在问题以及一系列针对这些问题的解答。此方法旨在深化对异文化与自身文化的理解。

（3）角色扮演是培训方法的一种，通过指定参与者扮演特定角色，模拟具有实际挑战的具体场景，使受训者在此过程中掌握沟通和解决问题的技巧。

（4）事件评论与案例分析有相似之处，但亦有其独特之处。案例分析侧重于明确的分析和多样化的问题，而评论事件则更多地关注日常生活中微妙的人际关系，以及行为背后的动机和误解的根源。在形式上，它通常是对某一事实案例中的问题和矛盾的描述，引导参与者展开讨论，从而了解冲突背后所反映的多元文化价值观。

（5）情景模拟聚焦于对异文化中基本习惯与惯例的认知，以及交际技能的掌握。

此外，跨文化培训的技巧还包括文化知识测试、分组讨论、"文化比较"以及语言和文化的关联研究等。

（五）跨文化培训效果评估

对跨文化培训效果进行评估，可以从认知、情感和行为等方面来看培训对受培训者的影响。

（1）从认知维度审视，有效的跨文化培训能够显著削弱对异文化成员的刻板印象，激发其积极正面的态度，同时加深对本国文化的理解与认知，并培养具备"世界性思维"的素养。

（2）从情感层面来看，有效的跨文化培训能让受培训人员增强对对方文化关系的良好感觉，并对外派的任务有愉快的体验和预期等。

（3）从行为层面进行审视，实施真实且有效的跨文化培训能够显著增强受培训人员在异文化环境中的适应能力，使他们在与不同文化背景的人交往时能够维持更为和谐的人际关系，并有效达成在跨文化人际交往中所设定的各项目标。

同时，如何对以上的效果进行可操作的评估也非常必要和关键。一般而言，可通过访谈、测试、问卷等形式让受培训者进行自评或他评，或让培训教师对其进行客观评估。但需要注意的是，在涉及跨文化的评估时，其性质可能表现为延迟或长期的特点。在条件允许的前提下，我们推荐进行持续性的跟踪研究，以确保评估的深入性和全面性。这种研究方法对培训体系的全面评估以及后期培训方案的实际操作和设计具有重要的辅助意义，有助于提升培训的有效性和适应性。

七、异文化适应策略

异文化适应策略是指人们在文化适应过程中所采取的策略。在此主要针对海外国人通常采取的人际策略、语言策略、成就策略进行介绍。

（一）人际策略

在跨文化适应过程中，一个尤为关键且直接的环境要素便是人际关系。人际关系不仅是社会学领域深入探讨的焦点，更是每个人在社会中生存与进步的基石。它极大地影响着海外中国人对新文化的适应程度和速度。由于不同文化背景下的人们在成长过程中形成了各异的价值观、世界观、认知模式、行为准则及角色定位，因此，在与目标国人群交往时，采取积极主动的策略显得尤为重要。

在构建有效的人际策略时，首要任务是积极调整心态，确保在与外国人交流时保持开放和乐观的心理状态。成功的跨文化交流需要我们以包容的心态接纳他人的价值观和文化差异。此外，积极参与学校活动、社区聚会及国际友人的社交场合，是提升语言能力、掌握非言语沟通技巧、深入交流思想、了解当地风俗习惯及价值观念的有效途径，为日后的跨文化人际交往奠定坚实基础。

值得注意的是，人际交往是双向互动的。在与外国人建立联系的同时，我们也应主动承担起传播中国文化的责任，分享自己的观点与见解，促进双方文化的相互理解和尊重。

（二）语言策略

语言是沟通思想的桥梁，在跨文化交流中占据着不可或缺的核心地位。为了与国际友人实现顺畅而深入的交流，熟练掌握并运用目的国语言显得尤为关键。然而，现实情况表明，许多身处海外的中国人在目的国语言的运用能力上尚显不足。相关调研数据显示，仅有约35%的人能够基本运用该语言进行日常交际，这凸显了提升语言能力的迫切需求。因此，采取积极有效的策略来加强语言学习与应用成为海外中国人不可忽视的任务。

作为一种学习语言的策略，参与各类语言学习班已成为广泛采纳的方式。众多美国及英联邦国家均设有面向外国留学生的专项语言课程，旨在提供系统的语言学习机会。还有一些政府专门为外国中小学生开设ESL夜校教育。一些海外留学生经常去喝下午茶，利用各种机会同英语国家的人进行交流，练习英语。此外，还有人选择看当地报纸、电视节目等策略来提升语言能力。

（三）成就策略

成就策略是为应对交流中的挑战和实现目标而采取的一系列行动。调查显示，许多人在遭遇工作和学习上的挫折时，会采用以下两种集中的成就策略。

（1）行为规划：主动规划自己的行动，提前应对文化差异可能带来的问题。例如，许多海外学生通过与同学或同事交流，共同解决学习或工作中遇到的难题。他们意识到国内外教学方式的差异，明白老师可能只提供指导方向，因此需要主动与同学或导师沟通，及时解决学习中的疑惑。

（2）网络资源利用：一些海外留学生发现，教授对论文的要求严格，不仅需要进行实证研究，还对格式有严格要求。为了满足这些要求，他们会利用网络资源，阅读和研究本专业领域的期刊范文，并对可能遇到的问题提前做好心理准备。

实际上，个体对于异文化的适应过程，乃是多种策略协同运作的集合体现。首先，调整个人的心态至关重要；其次，积极采用各种策略以夯实自身的语言基础；再者，主动与人们进行交流，并以积极的心态面对可能遭遇的困境。这些举措的有效结合，将有利于个体更快、更好地适应异文化环境。

第三章
跨文化交际的本质、过程与理念

　　在跨文化交流的实践中，不同国家和民族间显著的文化差异常常导致文化冲突的出现。这些差异不仅体现在观念、规范、认知和心理层面，还涉及文化相对主义和中心主义的问题。有效地进行跨文化交流，关键在于深刻理解其本质、过程和核心理念，只有当我们对这些方面有了清晰的认识，才能在面对跨文化交流中的各种挑战时，表现出足够的灵活性和适应性，从而顺利地解决问题。

第一节 跨文化交际的本质

一、文化差异与文化包容

文化差异是历史长河中文化积淀的必然产物。尽管人类社会在不断进步，交流日益频繁和深入，但存在于不同文化空间中的多样性和异质性很难被完全消除，它们只会逐渐减少。文化差异是现实世界中不可磨灭的一部分。

正是这些文化差异，为跨文化交流中的误读提供了土壤。虽然这种误读在跨文化交流中是正常的现象，但它有时也可能触发强烈的文化冲突。因此，对文化差异的敏感度和理解力，始终是跨文化交流的核心和基础。

（一）文化差异与文化误读

1.看待文化差异的正确态度

文化差异是现实，它们的存在是跨文化交际中误读和冲突的潜在源头。然而，正是对这些差异的深刻理解和认识，为解决跨文化交流中的难题提供了关键的视角和方法。

在面对文化差异时，我们需要积极地进行主观上的努力，通过长时间的磨合与调整，寻找到与不同文化和谐共存的路径。在这个过程中，我们也应该意识到，尽管文化间存在差异，但人类文化中同样存在着共通的元素，如普遍的观念和规范，这些共性为不同文化间的交流和融合提供了基础。

2.文化误读

文化误读是指在理解另一种文化时，由于受到自己文化背景中的社会规范、观念体系和思维方式的影响，而产生的与事实不符的理解和评价。这种现象普遍存在，即使在同一文化内部的交流中也可能出现误读。然而，在跨文化交流中，由于文化差异的显著性，这种误读更有可能被放大，从而可能导致人际关系的紧张甚至恶化。

（1）文化误读产生的原因

不同国家和民族的语言结构、社会历史、风俗习惯乃至政治和意识形态的差异，都可能成为文化误读的根源。在跨文化交流中，不仅文化本身的深层结构可能导致误读，解读者的个人知识背景、社会地位等因素同样会有所影响。尤其是知识背景，由于不同文化背景下的人在知识掌握的深度和广度上存在差异，这种差异常常是误读的主要原因。马可·波罗将东方的犀牛误认为西方传说中的独角兽，就是一个典型的例子。

在跨文化交流的过程中，每个交往主体都难以完全摆脱自己文化框架的局限。西方对东方文化的误读，以及东方对西方文化的误读，都是一种常见现象。这种误读源自对异域文化的好奇和对本土文化的怀疑，以及对外部世界的探索欲望。

人们对自己文化的态度，往往决定了他们如何解读异域文化。当人们对本土文化感到自豪和满意时，他们可能会在异文化中寻找与自己文化相似的元素，以此来强化自己文化的优越性，而忽视了异域文化的独特性。相反，当人们对自己文化的现状不满时，他们可能会期望在异域文化中找到解决自身问题的方法。

（2）文化误读的意义

文化差异引发的误读并非全然消极，它实际上可以为异域文化的理解提供新的视角和层次。这种误读有助于揭示那些在常规视角下可能被忽视的文化特质，为文化间对话增添深度和丰富性。正是文化间的不可完全翻译和彻底沟通，激发了人们对不同文化的好奇心和吸引力，推动了更深层次的交流与互动。有时，这种误读甚至是有意识的，它可能源自对异域文化的深入探索，也可能是被新颖观念所激发的创造性灵感。

例如，利玛窦在中国传播天主教时采取的策略，他刻意强调圣母玛利亚的母性形象，这样的做法在一定程度上是为了让中国信徒将基督教中的上帝与儒家思想中的"仁"和"孝"联系起来，从而在文化上建立共鸣。这种有意识的误读，虽然可能与原意有所偏差，但却是一种文化适应和交流的策略，有助于跨文化理解的桥梁建立。通过这种方式，文化误读不仅促进了不同文化之间的接触，还可能成为文化创新和融合的催化剂。

（3）文化误读的分类

文化误读并非单一现象，它可被划分为积极误读和消极误读两大类。

积极误读是一种建设性的过程，其中主体文化主动从客体文化视角审视自身，进行自我反思和批判，并以开放心态学习其他文化的优点。这种误读不仅展现了个体或文化向异文化靠拢的努力，而且可能通过艺术和人文作品的重新解读，激发想象力和创造力。例如，中国文化在西方的传播，部分得益于伏尔泰、莱布尼兹、歌德等思想家的重新诠释和一定程度的误读。当这种积极的误读积累到一定程度，它可能引发质的飞跃，促进对文化的正确理解，创造新的意义，丰富文化的内涵，同时展现出本土文化的主动性和创造性。在某种程度上，适度的误读有助于避免文化理解的僵化，推动文化的发展和进步。

消极误读则是主体文化基于对自身文化的优越感，排斥或轻视客体文化。这种误读可能导致对异文化的误解和偏见。黑格尔的某些观点可以被视为消极误读的例证，他以基督教为宗教理想的绝对标准来评价其他宗教，以古希腊艺术为审美标准来贬低东方艺术，以及用西方的理性和价值观来评判中国的历史、科学和哲学体系。这种误读忽略了文化多样性和相对性，可能导致文化冲突和隔阂。

（二）文化包容的条件和价值

文化包容是一个文化在发展过程中积极吸纳其他文化优秀元素的能力，它是文化自我更新和进步的重要途径。这种包容性不仅促进了文化的丰富性和多样性，也是文化交流和融合的关键。

1.文化包容的条件
文化的本质在于满足人类的精神追求，而非引发冲突。它随着人类精神需求的演变而持续进步。一种文化，只要能够满足并推动人类精神需求向前发展，就应当获得世界的理解和接纳。尽管不同文化背景下可能存在冲突，但文化间的包容才是社会文化发展的主流趋势。

文化包容性是在长期的发展和交流中逐渐形成的。一种文化展现出对另一种文化的包容，往往是因为后者对它具有某种价值。如果一种文化认为另一种文化失去了价值，就可能产生排斥。因此，文化包容是有条件的，需要在特定的历史和现实背景下进行考量。

文化包容并不意味着无差别地接受所有元素。每种文化都有其独特的价值观念和发展需求，这决定了它能够接受和包容的内容。文化包容是有选择性的，它倾向于吸收其他文化的积极成分，而对于消极或落后的部分则持抵制态度。从这个角度看，文化包容实质上是一个择优的过程。

同时，文化包容也是文化自信的体现。一种文化的包容度越大，反映出其自信程度越高；自信的文化更可能展现出开放和包容的姿态。有限度的包容有助于保持文化的个性，同时引入新鲜元素，促进文化的创新和发展。

2.文化包容的价值

黑格尔与马克思都曾预言，人类社会的进步不可避免地将塑造出一个统一的世界历史。工业化的兴起和对利润最大化的不断追求，已经让人类历史跨越了地理的界限，编织成一个紧密相连的利益共同体。在全球化的文化浪潮中，世界文化的塑造不再局限于单一国家或民族，而是成为全球众多文化主体共同参与的事业。这种多元文化的融合，标志着我们已步入一个超越文化霸权的新时代，一个倡导文化包容性的时代。

在这个时代，文化包容性是实现不同国家和民族间和谐共存的关键，它促进了全球文化的交流与融合，加强了人类社会的联系。历史上，那些封闭的文化最终会被边缘化，甚至成为世界历史前进的障碍。相反，包容性文化能够引领世界文化的发展，推动历史的车轮向前。

包容性文化之所以能够蓬勃发展并被广泛接受，是因为它们愿意吸收其他文化中的优秀元素，从而实现自身的创新和进步。这种文化的开放性不仅促进了自身的发展，也使其更容易被其他文化接纳，有助于地域性文化向全球性文化的转变，并成为推动全球文化发展的重要力量。

归根结底，文化包容性的缺失往往源于文化创造者思想的狭隘性。这种封闭性不仅限制了文化本身的发展，也影响了其成员的思维方式，使他们变得封闭，缺乏接纳其他文化的开放精神，最终导致文化上的隔阂。过分强调文化冲突对世界文化的发展并无裨益，而文化的包容性才是推动全球文化前进的动力。

二、文化的观念体系与规范体系

（一）文化的观念体系

文化的观念体系是文化发展过程中逐渐塑造的，它反映了一个文化群体对于宇宙、人类自身以及人与世界关系的深层理解和认知。这一体系不仅体现了特定文化对社会现象的共识，也是文化体系中最根本的部分，影响着文化结构的深层次。

文化观念体系是人们在长期社会实践中形成的，它影响着个体和集体的思维方式、行为模式和生活方式。这些观念通常内化为人们的信念和态度，进而在不经意间指导着人们的日常行为和决策。文化的观念体系包含世界观和价值观。

1.世界观

世界观是一个人或文化群体对宇宙、社会以及人类精神世界的整体理解与看法，它体现了一种文化最深层的思想基础。世界观通过神话、宗教和哲学等不同形式表达，它们是不同历史时期人类对世界的不同解释和理解。自文化产生之初，世界观就成为其不可分割的一部分。

世界观形成于人类的劳动实践和社会活动中，这些活动不仅满足了生存的基本需求，也满足了精神层面的需求。在这个过程中，人们逐渐构建起对世界的认知框架。世界观深刻地影响着一个文化中个体的感知、思维和行为模式，并且对政治和经济发展等宏观层面产生深远的影响。

世界观的差异是文化差异的核心，它导致了不同文化在认知、行为乃至感知世界方式上的不同。因此，了解一个文化的世界观，有助于我们深入理解该文化其他方面的特色和差异。世界观是文化认同和文化差异的关键，它为我们提供了一扇窗口，通过这扇窗口，我们可以洞察一个文化的内在逻辑和外在表现。

2.价值观

价值观作为人们内心深信不疑的准则，塑造了我们的行为和决策。尽管价值观本身是抽象的，但它们在人们的言行中得到体现。价值观常与信念和态度相混淆，但实际上，它们之间存在一种主从关系：价值观是基础，而信念和态度则是价值观的具体体现。

价值观与交际的关系尤为密切，它们相互支配和反映。价值观主导着人们的交际行为，无论是直接的交流还是间接的互动。以语言交际为例，不同文化背景下的人们在交流时会展现出不同的风格。中国人倾向于采用委婉和含蓄的方式来表达意见，以避免正面冲突，这反映了他们重视和谐人际关系的价值观。而西方人则可能更直接，这体现了他们对效率的重视。这些交际方式的差异，本质上是价值观差异的体现。

交际也能反映一个人的价值观。通过观察人们言谈中强调的内容，可以了解他们的价值观，这是直接的反映。同时，人们讨论的话题和方式也能间接揭示其价值观。价值观是文化的核心组成部分，通常在社会生活中逐渐形成，家庭、学校、朋友和媒体等都会对其产生影响。一旦形成，价值观将指导个人的信念、态度和行为。

价值观具有稳定性，不易随时间改变。学习一门新的语言或习俗可能需要时间和努力，但相对容易实现。然而，深刻理解和内化一种文化的价值观则要困难得多。一个人可能在另一种文化中生活多年，掌握其语言和习俗，但仍可能无法完全理解其价值观的某些深层含义。

尽管价值观具有稳定性，但它们并非不可改变。随着社会的演进，人们的价值观也可能随之转变。心理学家杨国枢通过对不同时间的大学生进行调查，发现他们的生活方式和价值观发生了显著变化，这表明社会的现代化进程能够对人们的价值观产生深远的影响。

（二）文化的规范体系

规范是一套引导和调整人们行为及其相互关系的准则，它要求个体的行为必须符合社会的整体利益。这些准则，也被称作社会规范，对社会的正常运转至关重要，是社会控制的一种强大而不易察觉的形式。社会规范的不同体系是文化差异的一个显著方面，它们定义了不同文化的特征。

从出生开始，每个文化成员就被期望逐渐适应并内化自己文化中的规范体系。这些规范代代相传，成为文化成员行为模式的一部分。随着时间的推移，个体学习并吸收这些规范，直至其行为与文化规范相一致。

1.制度

制度是社会组织在特定活动领域内的基本规范集合，涵盖了社会关系和社会行为的方方面面。由于制度由社会或特定组织确立，它们构成了社会中最稳定和基础的规范。制度的稳定性是社会秩序的保障，是社会结构和功能正常运作的基石。

（1）制度的要素

制度的核心构成涵盖原则、奖惩机制与权威三大要素，三者相辅相成，缺一不可，以确保制度能够充分发挥其基础效能。

对于原则，制度明确了社会成员的权利与义务，这些规定是外在强加的，需要与成员的社会地位相适应。

对于奖惩，制度定义了对社会关系和社会行为后果的处理方式，其中原则是奖惩的依据。原则所倡导的行动是奖励对象，禁止的则是惩罚对象。制度的弹性体现在对中间地带的容忍度。

权威是制度中不可或缺的精神力量，它来源于组织和设施，如早期社会的氏族组织，或阶级社会的专门机构。

（2）制度的类型

第一，政治制度，是指不同阶级在国家政权中的地位与相互关系，以及行政、公共秩序、国家安全等方面所遵循的基本规范的集合。

第二，公共制度，涵盖了由政府机关所管理的公用事业，以及针对个别民众提供的直接社会服务方面所遵循的基本规范的集合。

第三，经济制度，主要关注于生产资料的所有权归属、产品的分配与交换方式，以及经济行为主体间相互关系的调整等方面的基本规范。

第四，文化制度，是思想观念创作与运用过程中遵循的基本规范的集合，它涉及教育、科技、哲学、道德、文学、艺术等多个方面。

第五，私人制度，则是对婚姻、生育、亲属关系以及非家庭私人生活等方面所遵循的基本规范的总结。

不同的文化体系在这些方面会呈现出差异性，而制度的变革则反映了社会历史的演进过程。因此，我们可以通过分析这些制度来深入理解文化和历史的变迁。

2.礼仪

礼仪是人际交往中的行为规范，包括仪式和礼节等，旨在促进人与人之间的和谐相处。礼仪的演变反映了人类文化的进步和发展。起源于原始社会对神灵的敬仪，礼仪在奴隶社会和封建社会中逐渐演变为对上层阶级和统治者的尊敬，到了近代社会，礼仪进一步发展成为对个体的尊重。

不同文化、时代、地域和民族对礼仪有着不同的理解和实践。中国被誉为"礼仪之邦"，这一称谓凸显了礼仪在中国历史和文化中的重要地位。在古代汉语中，"礼"和"仪"有时会分别使用，其中"礼"的概念广泛，涵盖了生活的各个方面。这表明，在中国传统社会中，"礼"不仅关乎政治和公共生活，也渗透到了人们的日常生活中，具有极其广泛的应用。

儒家文化特别强调"以礼治国"的理念，发展出了一套深奥的礼学体系，成为中国传统文化的一个显著特征。在中国，礼仪与民族的生活方式和精神价值观紧密相连，成为民族文化不可分割的一部分。

3.习俗

习俗是人们在长期社会生活中形成的一种行为模式，它是人类社会早期出现的规范之一，并且通常不受法律的直接约束。一旦习俗形成，它就具有显著的稳定性和持久性，主要通过信仰、心理需求和习惯来传承。习俗对个人和社会都有着深远的影响，它不仅对人们的行为有着内在的约束作用，还具有强烈的感染力，引导着社会行为的规范。

遵循习俗通常能带来积极的结果，比如享受乐趣和被社会接纳，从而获得归属感。如果一个人在一个大多数人遵循习俗的环境中不遵从这些习俗，他可能会很快感到不适应。习俗是个体成为社会成员的一种资格证明，人们在不知不觉中通过习俗的内化成为社会的一员。

习俗的类型多样，主要包括以下七种：

（1）惯例：社会生活中共同遵守的规定或模式。

（2）社交庆典：为了集体交往和娱乐而定期举行的活动，如各种节日庆典和体育赛事。

（3）日常格调：人们在饮食、服饰、居住和日常交往中的特定习惯和模式。

（4）人生礼仪：伴随个人生命发展阶段而出现的习俗，如生日庆祝、婚礼、生育和丧葬等。

（5）禁忌：社会活动中形成的禁止性习俗。

（6）岁时节令：根据时间周期性出现的习俗，如中国的春节、元宵节，西方的圣诞节和感恩节。

（7）原始信仰：基于共同的信仰或愿景形成的行为模式，例如某些地区的祭祀活动。

习俗是文化传统的重要组成部分，它们体现了一个社会的价值观和生活方式，同时也是个体社会化过程的关键要素。通过习俗的传承和实践，文化得以延续和发展，社会成员得以相互认同和凝聚。

三、文化心理与认知体系

（一）文化心理学的研究思路

文化心理学作为心理学领域的一个重要分支，是在文化转向的大背景下应运而生的。这一学科强调心理活动并非孤立发生，而是深深植根于并依赖于人们所使用的符号系统和所处的社会结构之中。人类在认识和改造世界的过程中，其心理活动逐渐演化，成为文化世界的一个关键组成部分。

我们生活在一个充满意向的文化环境中，不断地在这个环境中寻找意义和资源。这个过程不仅塑造了我们的心理，而且我们的心理活动也反过来影响我们如何探索意义和资源。文化心理学的核心，就是研究人们如何解释和理解这个意向世界。

文化与心理之间存在着相互构建和互为因果的复杂关系，文化心理学的研究可以从以下四个途径进行：

（1）价值途径：强调文化对特定群体价值观的塑造作用。

（2）自我途径：探讨文化与个体或群体认同结构之间的关系。

（3）语境途径：将文化视为一种生态环境，它影响和决定着人们的认知方式。

（4）理论途径：关注社会化过程中文化对个体认识论的构建，通过研究这种认识论，可以更深入地理解文化差异。

文化心理学的兴起是对心理学发展的一种响应，它试图将文化因素纳入心理研究的框架中。然而，文化心理学也面临着来自文化建构主义心理学的批评，被认为仍然是西方经验主义的产物，可能缺乏对主流心理学理论构成实质性挑战的能力。

尽管存在争议，但文化心理学确实为我们理解人类行为和心理活动提供了新的视角，强调了文化背景在塑造个体心理过程中的重要性。通过跨文化的研究和对话，文化心理学有望进一步发展，为心理学的多样性和深度作出贡献。

（二）文化认知体系

1.民族性格

民族性格是指在一个文化中，大多数成员所共有的性格特征和行为模式的集合，它构成了该文化的核心性格结构。这种性格不仅驱动着民族群体的共同行为和观念，而且以其内在的强大力量，将民族成员的性格塑造成一种相对固定的模式。

学术界对民族性格有多种描述和理解，例如，人们认为美国人乐于挑战和竞争；认为中国人做事保守、忍耐力强、爱好和平；认为德国人有责任感且遵守规则；认为法国人浪漫、追求自由。

不同的民族性格是由一系列因素塑造的，包括地理环境、社会历史和风俗等。这些因素的长期积累和沉淀，形成了每个民族独特的性格特征。通常，一个民族的历史越悠久，其性格结构就越稳定和丰富。

虽然民族性格有其先天形成的部分，但后天的社会变迁也能对其产生影响。体制和时代环境的变化可以引起民族性格的某些改变。因此，民族性格既有一定的稳定性，也具有一定的可塑性。

民族性格包含着优点和缺点，它们是相互依存的两面。因此，在评价民族性格时，我们应持谨慎态度，避免过分夸大本民族的优点或其他民族的缺点。这种做法不仅是非理性的，还可能带来危险。正确的做法是客观地认识和评价民族性格的多样性，促进不同民族之间的相互理解和尊重。通过这种方式，我们可以更好地欣赏文化多样性，并促进不同文化背景的人们之间和谐共处。

2.态度

态度是一种长期形成的心理状态，表现为个体对特定对象的一致性反应倾向。这种倾向是通过经验习得的，并且一旦形成，就会在个体的行为和思维中持续发挥作用。态度由三个核心要素构成：认知、情感和行为意向。

认知要素涉及个体对态度对象的看法和评价，这些看法通常带有个人的价值判断。情感要素则体现在个体对某些人或事物的情感反应，如喜爱、厌恶或情绪上的偏好。行为意向，或称为意动，是态度中与行为相关的部分，它显示了个体在特定情境下可能采取行动的倾向，这种倾向通常受到认知和情感要素的共同影响。

定式和偏见是态度的两种特殊表现形式。它们通常源于个体的社会和文化背景，反映了人们对特定对象的预先设定的认知、情感和行为倾向。这些倾向可能基于有限或偏颇的信息，有时可能导致不公正或不合理的判断。

（1）定式

定式，亦称为刻板印象，是一种基于简化和概括的感知机制，它帮助人们快速识别和分类外部世界。这种态度通常是基于对事物的简化理解，缺乏细致的区分。在跨文化的背景下，定式表现为对不同文化群体特征的过度简化和概括，往往放大了群体间的差异而忽视了个体的独特性。1922年，美国学者沃尔特·李普曼（Walter Lippmann）将定式描述为一种简化的观点和不加选择的判断方式。由于现实世界的复杂性，人们不可能亲自了解每一个个体和事物，因此发展出了这种简化的认知策略，将群体成员归入预设的类别中。定式在信息处理中起到了加速的作用。

定式主要分为社会定式和文化定式两大类。社会定式进一步细分为思维定式和行为定式，前者涉及人们心中固定的观念，后者则关联于习惯性的行为模式。文化定式则包括自定式和他定式，分别代表对本文化和外文化的固有认知及形象的概括。

定式的影响力与人们接收到的信息量成反比。信息量越少，人们越倾向于依赖定式，其影响力也就越大。定式并非全然负面，关键在于如何使定式更加精确和具体，同时认识到个体差异，这样定式就能发挥其正面作用。

定式的特点可以从四个维度来理解：①指向性，即定式是积极还是消极的；②强度，指的是定式的强烈程度；③具体性，更具体的定式有助于找到解决方案，也便于清晰地思考；④准确性，即定式在描述他群体时的准确度。

（2）偏见

偏见是一种对特定群体的不基于事实的、不成熟的判断，通常表现为一种根深蒂固的否定性态度，这种态度很难改变。

布拉德福德·霍尔（Bradford Hall）将偏见分为五种类型：①公然型，表现为公开的厌恶和歧视，有时甚至伴随暴力行为；②自负型，通过贬低其他群体的价值观、行为方式、专业技能或社会能力来提升自己的优越感；③象征型，持有者通常否认自己有偏见，但内心担忧权力结构被外群体干扰；④门面主义型，意识到自己对其他群体的消极情感，但在表面上装作没有；⑤若即若离型，当没有本群体成员在场时能与外群体成员和平相处，但本群体成员在场时则表现出排斥。

偏见的形成可能由多种因素引起，包括生理、社会化、社会利益和经济利益等方面。生理上，面对陌生环境时的焦虑感可能驱使人们采取行动。社会化过程中，传统和媒体对偏见的形成有显著影响，传统偏见可能通过习惯性态度被继承，而媒体的宣传则塑造了人们对某些群体的看法。社会利益方面，持有偏见可能获得同群体的支持，维护社会地位，或作为优越感的来源。经济利益方面，偏见的强度可能与竞争的激烈程度成正比。

偏见与定式有着相似的基础，强烈的定式可能发展成偏见。定式和偏见都是文化传承的一部分，定式中包含符合事实的部分，也包含不符合事实的部分，后者即为偏见。在现实生活中，偏见无处不在，人们往往花费更多时间来证明自己的观点，而不是去了解对方。大多数人认识到偏见的负面影响，但改变这一现象需要更多的努力和理解。

第二节　跨文化交际的过程

一、语言交际

（一）语言交际的特点

语言是人际交往中不可或缺的要素，它覆盖了社会的各个层面，包括心理、生理等多个领域。语言的研究不仅限于语言学，还涉及社会学、心理学、哲学、人类学、信息科学、交际学和医学等众多学科，显示出其跨学科的特性。

人类拥有许多独特的特质，例如直立行走、制作工具和灵巧的双手，但最具本质特征的是语言能力。虽然动物也能通过信号传递信息，如海豚和蜜蜂，但它们的交流方式远没有人类语言的复杂性和表达力，缺乏语法和语用规则。

语言对人类来说具有无可替代的价值，它不仅帮助我们理解和认识世界，还具有分类功能，使人们对事物的认识更加清晰。词汇量的丰富程度直接影响我们对世界的感知和理解。有哲学家甚至指出，语言的局限性可能限制了我们对世界的认知范围。

人类利用语言进行思考和交际，构建文明，传承文化。然而，语言也可能带来负面影响，如破坏人际关系。此外，语言对人类的影响是深远的，它可以在心理和生理层面上产生作用，如"望梅止渴"的故事所示，以及一位女士因提到"花"而晕倒的新闻，这表明语言可以在生理层面上影响人。

语言的影响力无处不在，就像空气对我们至关重要一样。没有空气，我们无法生存；没有语言，我们也无法成为今天的人类。语言不仅是沟通的工具，更是人类文明进步的基石。

（二）语言交际的过程

在语言交际中，抽象化是一个关键的过程，它涉及信息的筛选和简化。图3-1展示了语言交际的各个阶段，帮助我们理解抽象化是如何在交际过程中发挥作用的。

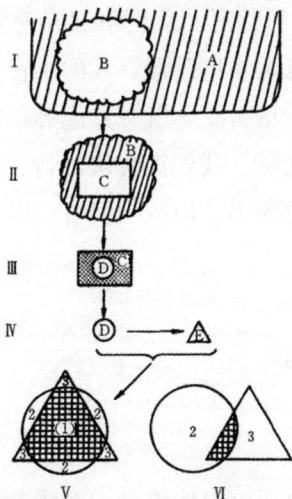

图3-1 语言的交际过程

（资料来源：陈俊森、樊葳葳、钟华，2006）

人类生活的环境是无限的，我们称之为A。我们的感官——听觉、视觉、嗅觉、味觉和触觉——能够捕捉到的只是这个无限世界中的一小部分，我们称之为B。例如，我们的眼睛只能感知到可见光谱范围内的光线。当面对大量信息时，我们往往需要选择性地关注某些信息，同时忽略其他信息。此外，还有许多信息不是通过感官直接获得的，而是通过感觉和思维，如对时间流逝的感知，这些在头脑中进行的抽象思维有时与感官经验并不直接相关。

在五感捕捉到的信息范围内，个人所关注并想要表达的部分称为C。在C中，用语言表达出来的部分是D，这里发生了进一步的抽象化。例如，尽管人类能够识别数百万种颜色，但语言中描述颜色的词汇却非常有限，这显示了语言在交际中的局限性。

语言具有两极性，即它包含大量的反义词，但中间词却很少。这种特性意味着语言在表达细微差别时可能不够精确。在交际过程中，对方接收到的信息是E。在D和E的重叠部分，我们可以看到信息传递的准确性。重叠图中的1表示成功传递的信息，而2和3表示信息传递中出现问题的部分：2是说话人未成功传递的信息，3是听话人误解或自行添加的意义。

在跨文化交际中，由于价值观和世界观的差异，可能会出现更多的误解，如图3-1中所描述的Ⅵ状况。从A到E的信息量减少和形状缩小，表明了抽象作用的存在。在交际的不同阶段，人的感官、思维和语言本身都充当了过滤器的角色。这表明，语言交际既有其优势，也有其局限性。

为了实现更有效的交际，我们需要认识到语言的这些长处和短处，并努力提高我们的表达和理解能力，以减少误解和提高沟通的准确性。

二、非语言交际

非语言交际，指的是通过身体语言、面部表情、声音的音调和节奏、个人空间、接触、外貌以及各种物质文化标志等非言语方式进行的人际交流。它与语言交际一起，构成了人际交往的两个基本层面，对沟通效果有着深远的影响。

美国著名人类学家爱德华·霍尔（Edward T. Hall）在其著作《无声的语言》中强调了非语言交际的重要性，他认为非语言信号往往能够传达比有声语言更多的意义，并且更加深刻，因为许多重要的信息和情感常常是通过非语言的方式隐晦地表达出来的。

尽管非语言交际在人际交往中扮演着关键角色，但许多人并没有充分意识到它的重要性，往往在无意识中使用或解读非语言信号，这可能导致误解和沟通障碍。因此，非语言交际也成了跨文化交际研究中的一个核心议题。

非语言交际并非独立存在，它通常与其他语言或言语行为相结合，共同产生交流的意义。非语言交际具有多渠道和多元性的特点，赋予了它多种交际功能，包括：

（1）重复功能：通过非语言信号来强调或解释语言信息。

（2）替代功能：在某些情况下，非语言行为可以代替言语，尤其是在言语不便或不可能的情况下。

（3）补充功能：非语言信号可以提供言语无法传达的额外信息。

（4）否定功能：非语言信号有时用来否定或修改言语信息的含义。

（5）话语调节功能：在面对面交流中，非语言行为如语调变化、目光交流、点头或微笑等，有助于流畅地进行话轮转接。而在电话交流中，由于缺少非语言信息，可能会导致交流中断或混乱。

下面介绍几种主要的非语言形式。

（一）身势语

非语言交际中最直接、信息量最大且广为人知的一种形式是肢体语言，也称为"身势语"。身势语涵盖了手势、头部动作、面部表情、目光交流以及其他能够传递信息的身体动作。

研究身势语的专家面临着诸多挑战，因为这一领域的复杂性极高。为了系统地研究身势语，首先需要对其进行合理的分类。目前，广泛采用的分类方法是根据身体不同部位的动作来划分，包括头部动作、颈部动作、手部动作、腿部动作和整体的肢体姿势。需要注意的是，任何交际行为都是由多个部分组成的整体，身势语也不例外。不能孤立地解读身体某一部分的动作，只有将交际者的整体身体行为结合起来，才能做出准确的解读。

因此，著名的身势语研究者保罗·埃克曼（Paul Ekman）和华莱士·弗里森（Wallace V. Friesen）根据身势语的功能将其分类为以下五种类型：

1.象征性身势语

象征性身势语是一种通过特定的身体动作来传达明确意义的非语言交际方式，它们通常与特定的语言符号直接对应。例如，我们熟悉的"V"字形手势代表胜利或和平，而"OK"手势在许多文化中表示同意或认可。这种身势语经常在可以说话但选择不这么做的情况下使用，比如在需要保持安静的环境中，或者在不想打扰别人的情况下向熟人示意。

象征性身势语具有很高的独立性，它们可以独立于语言行为存在，并且能够在没有其他肢体动作的情况下清晰地表达完整的意思。

然而，与语言符号一样，象征性身势语是后天习得的，并且在不同文化中可能具有不同的含义，这使得它们在跨文化交流中特别容易产生误解。以下是中西方文化中象征性身势语差异的三个主要方面：

（1）不同文化中的同一手势可能具有不同的含义。例如，左右摇头在欧美文化中通常表示不同意，而在土耳其文化中可能表示不理解或不知道。双臂平伸、上下拍打的动作在中文和英文中都可以表示"飞"，但在英语国家中，这个动作还可能指代"美女"或"男同性恋"。

（2）同一意思可以用不同的身势语表达。比如，中国人可能会用食指指自己的鼻尖来表示"我"，而英语国家的人可能会用食指或拇指指胸部。在拦车时，中国人可能会用一只胳膊向一侧平伸，手心向前的手势，而欧美人可能会用右手握拳，拇指跷起，向右肩晃动的手势。

（3）某些身势语是特定文化独有的。例如，公牛角的动作在某些文化中可能表示"你这个恶魔"，而在体育赛事中则用来庆祝胜利。在欧美文化中，交叉中指和食指的动作有时用来表示祝福，源自基督教画十字的动作。而抱拳则是中国特有的身势语，古代用于问候，现代则有更丰富的意义，如表示感谢或请求关照。

2.说明性身势语

说明性身势语是一种与口头语言紧密相连的肢体动作，它的作用是增强或澄清语言表达的含义。与象征性身势语不同，说明性身势语通常只在说话者进行口头交流时出现，当说话者停止说话时，相应的肢体动作也会停止。

中西方在使用说明性身势语方面存在一些差异，主要表现在使用频率和风格上：

（1）使用频率：在演讲或交流过程中，欧美人士往往更频繁地使用说明性身势语。他们的手部动作可能更加活跃，身体语言更加丰富，如身体前倾后仰、脚跟踮起等，以此来加强语言的表现力和感染力。

（2）风格差异：相比之下，中国的演讲者或交流者可能更倾向于保持一种沉稳、不动的姿态。他们在讲台上可能表现得更为正式和严肃，肢体动作可能较少或更为克制。

3.情感性身势语

情感性身势语是一种非言语行为，能够直接反映和传达一个人的内心情感和情绪状态。面部表情是情感性身势语中最为关键的组成部分，它们可以是微妙的，如眨眼可能表示亲密或幽默，皱眉可能表达失望或沮丧。

美国心理学家卡罗尔·伊扎德（Carroll Izard）提出了人类基本情感的理论，认为情感可以分为九大类：激动、欣喜、震惊、痛苦、反感、愤怒、屈辱、害怕和鄙夷。这些基本情感通过面部表情和其他身体语言得到普遍表达。

情感性身势语通常具有跨文化的普遍性，意味着不同文化背景的人在表达基本情感时，尽管方式可能有所差异，但情感的本质和表达往往能够被不同文化的人所识别和理解。

中西方在情感性身势语上的差异主要体现在情感表达的控制程度上：

（1）情感控制：中国文化中，人们往往更加注重面子和社会和谐，因此在表达强烈情感，特别是消极情绪时，中国人可能会更加含蓄和克制。这种情感控制体现在面部表情和身体语言的细微差别上。

（2）表达方式：在表达震惊时，中国人可能只是张大嘴巴，表现出瞠目结舌的样子，而欧美人可能会用更夸张的动作，如将手指放到嘴里，甚至多个手指，以此来表达不同程度的惊讶。

4.调节性身势语

在对话中，用于确保交流顺畅进行的非言语动作被称为"调节性身势语"。这种身势语通常分为两大类：一类是用于控制对话的轮转，确保话轮的顺利交接；另一类则是在说话者需要时间思考时，用来作为缓冲，示意听者暂停或等待。

尽管中西方文化在某些方面存在差异，但在调节性身势语的使用上，两者之间的差异并不显著。例如，无论是在中国还是西方，当听者想要转变为说话者时，他们都会通过身体前倾和持续的目光接触来表达自己的意图。同样，在需要更多时间来组织语言时，说话者会通过延长其说明性动作，来向听者传达需要暂时等待的信号。

5.适应性身势语

适应性身势语是指交际者为了缓解内心的某种情绪而对自己或周围物品进行的非言语行为。这类行为的典型例子包括搓手、揉衣角、拨弄头发、转动椅子、摸索书包带等。适应性身势语与其他身势语的主要区别在于，它是一种修饰性行为，而非目的性行为。例如，脱鞋本身不是适应性行为，但若摆弄鞋带并无实际目的，那么这个动作就可以被视为适应性行为；改变发型若出于美容目的，则不属于适应性行为，只有当手部对头发的动作没有美容效果时，才被认为是适应性行为。适应性身势语通常是无意识的，不代表任何明确的意图，但观察者可能会将其解读为紧张、窘迫、不安或心不在焉等情绪状态。

适应性身势语由于其无意识性，具有跨文化的普遍性，中西方在这一点上的差异不大。然而，一个有趣的现象是，中国人相比欧美人更倾向于通过腿部动作来表达适应性身势语。这可能是因为中国人在文化上更重视情绪的自我控制，而腿部动作由于研究相对较少，控制意识可能较弱，从而成为最容易泄露个人心理状态的身体语言。

（二）客体语

确实，尽管我们常被告知不应以貌取人，但一个人的外表往往是他们给他人的第一印象，这种印象在初次见面时尤为关键。对方的外貌、着装、装饰以及携带的物品等，都会无声地传达出一定的信息，这些信息在交际中的作用不可小觑。

在交际学中，这些通过外观传递的信息被称为"客体语"。客体语是个体通过其外在物品和形象来表达自我的一种非语言方式。

1.身体信息

身体语言和外表是人们在社交互动中传递信息的重要方式，尽管我们常被提醒不要以貌取人，但外表确实是形成第一印象的关键因素。在初次见面时，一个人的相貌、衣着、打扮以及携带的物品都会对他人产生影响，并可能决定交流的成功与否。这些通过外表传递的信息被称为"客体语"，它是非语言交流中表达个人形象的重要部分。

在相貌方面，中西方对美的标准存在一些共同点，例如大眼睛和高鼻梁通常被认为是吸引人的特征。然而，差异也同样明显，如中国人可能更倾向于小巧的嘴巴，而西方则可能更欣赏丰满的嘴唇。这种差异在国际名模吕燕的例子中得到了体现，她的外貌特征在西方被高度赞赏，而在中国传统审美中可能不那么受欢迎。此外，通过比较中西方的卡通形象，如《宝莲灯》和迪士尼的《花木兰》，也可以看出审美标准的差异。

关于胡须，中西方男性都有留胡须的习惯，以展现成熟稳重的形象。西方文化中对胡须的养护和修整非常讲究，而在中国，胡须的打理可能更为随意。

在肤色方面，中国女性普遍追求"美白"，认为"一白遮百丑"，这反映了一种长期存在的文化偏好。相比之下，西方社会曾经将白皮肤视为高贵的象征，但现代西方人更倾向于健康的小麦色皮肤，认为这是阳光和活力的标志。

至于体味，由于饮食习惯等因素的影响，欧美人可能比中国人有更明显的体味，因此他们更注重使用香水和除臭剂来遮盖体味。而在阿拉伯文化中，浓烈的体味有时被视为一种美，使用香水是为了增强个人魅力，而非掩盖体味。在中国，由于体味通常较轻，人们对此的关注可能较少。然而，良好的个人卫生习惯对于给人留下积极印象和维护社交生活是非常重要的。

2.服饰物品

服饰和随身物品不仅是个人品位和风格的体现，它们在社交中也承载着重要的交际功能，可以传递关于个人的社会地位、职业、经济状况甚至情感状态等信息。

服饰一直是文化和社会地位的象征。历史上，英格兰有财产规定与服饰之间的联系，而中国古代的服饰也严格区分了不同社会阶层。现代社会中，虽然这种联系不如古代明显，但通过一个人的着装，我们仍能对其职业和经济状况有所判断。

不同文化下的着装风格有所不同。美国人的着装风格倾向于休闲和大胆，而英国人则更注重庄重和含蓄。在英美文化中，服饰与场合的协调非常重要，尤其是在正式场合如音乐会或歌剧，英国人对此的要求更为严格。相比之下，中国的着装要求相对宽松，人们可能在不同场合穿着礼服或休闲装。

戒指不仅是饰品，还具有一定的交际功能。戒指作为一种常见的随身物品，其佩戴位置和款式可以传递不同的信息。在西方文化中，左手无名指戴戒指通常表示已婚，小指则表示未婚，而右手戴戒指多起到装饰作用。中国古代虽有佩戴戒指的习惯，但并没有赋予戒指特定的婚姻状态含义。随着文化的交流，西方的戒指文化逐渐被中国接受，但并非所有人都了解这些含义，有时可能导致误解或笑话。

（三）副语言

副语言是交际中的一个重要组成部分，它包括所有伴随口头语言的声音信息，能够为语言表达增添额外的层次和细节。

1.副语言的声音因素

副语言的声音因素涵盖了音色、音调、音高、音量、音频和重音等。这些声音特性不仅能够传递信息，还能反映一个人的情绪状态、性格特征和能力水平。例如，大音量和高声调通常与强烈的情绪如愤怒或乐观相关联，而平静的声音、低声调和慢语速则可能表达失望或无聊。

不同文化对声音特性的解读存在差异。美国学者Malandro和Buck曾描述，柔和的嗓音可能被看作女性化，快速的说话速度可能被关联于智力。然而，中西方对声音高低、强弱、快慢的认定标准不同，这可能导致跨文化交际中的误解。例如，中国人的讲话音量和音调通常低于北美人，这可能导致北美人误解中国人的确定性表达为犹豫不决。

2.副语言的时间因素

副语言的时间因素包括沉默和停顿，它们在交际中扮演着重要角色。沉默和停顿不仅能够控制话语的流转，还能够传达深层的意义。

在不同文化中，沉默的意义差异巨大。中国人可能更频繁地使用沉默，并赋予其多种含义，如同意、反对、鼓励或蔑视。而英语国家的人可能倾向于将沉默视为消极的，如尴尬或不感兴趣。

在话轮转接中，停顿是一个关键的交际工具。中西方对停顿时间的预期存在差异，这可能导致话轮转接的误解。中国人可能需要更长的停顿时间来思考和准备发言，而英语国家的人可能期望更短的停顿时间。

为了避免这些误解，建议在接话轮时使用填充词，如"uh"，来示意需要更多时间。同时，在讲话时，可以适当缩短句间停顿，延长句内停顿，以便思考，让听者知道你还没有讲完。

了解副语言的声音和时间因素对于跨文化交流至关重要。它们帮助我们更准确地解读他人的非言语信息，并更有效地表达自己。通过认识和适应不同文化对声音和沉默的不同解读，我们可以促进更顺畅和富有成效的交流。

第三节　跨文化交际的理念

一、认识跨文化交际的障碍

不同国家和民族的人们在进行交际时确实可能会遇到各种障碍，这些障碍可能会影响到有效沟通的实现。产生交际障碍的原因多种多样，主要包括认识上的误区、刻板印象和民族中心主义。

（一）认识上的误区

在跨文化交流的过程中，人们有时会陷入一种认识上的误区，错误地假设自己与他人之间不存在差异。当这种假设被现实的差异所打破，可能会引发困惑和失望，最终可能导致交际的不成功。这种误区是跨文化交流中的一个显著障碍。以下是一个具体的例子来阐释这一问题：

一位刚到美国的中国留学生，很快就收到了参加聚会的邀请。他按照自己的习惯准时到达，却惊讶地发现许多宾客迟到，着装也颇为随意。聚会上提供的餐饮也非常简单，只有几种饮料和一些小吃。他与邀请他的美国朋友进行了简短的交谈，但很快朋友就将他介绍给了其他人，然后离开去忙其他事情。这位留学生感到失望，不久便找借口提前离开了聚会，并决定以后不再参加类似的活动。

这次聚会对这位留学生来说，是一次失败的跨文化交流经历。失败的原因与他个人的一些预设观念有关。他期望聚会中的每个人都会准时到达，主人会准备丰盛的食物，朋友会全程陪伴，主人会热情地招待每一位客人。这些期望反映了他深受中国文化的影响，用自己文化中的宴请习惯来预期美国的情况。由于缺少对跨文化差异的认识和经验，这些预期成了他交际过程中的障碍。

跨文化交流中的这种认识误区是非常不利的。重要的是要意识到，不同的人拥有不同的文化背景和习俗。我们需要学会观察并理解不同文化的特点，将它们与自己的文化进行比较，这样才能逐步提升自己的跨文化意识和交际能力。通过增加对文化差异的理解和尊重，我们可以更有效地与来自不同文化背景的人进行沟通和交流。

（二）刻板印象

即便没有直接接触过某种文化，人们往往已经形成了一些固有印象。例如，人们可能会认为美国人乐于竞争、澳大利亚人公正、意大利人喜欢分享，这些都是刻板印象的体现。刻板印象是一套关于个体或群体特征的固定信念，这些信念可能并不基于个体差异，而是基于对该群体的普遍化看法。

受到刻板印象的影响，人们在观察其他文化时，可能会更关注那些符合自己既有印象的现象，这会阻碍他们客观地了解和接受不同的文化。刻板印象的存在不利于跨文化交际的有效进行，因为它们限制了人们对文化多样性的理解和欣赏。

尽管人们意识到刻板印象可能不利于跨文化交流，但在讨论文化差异时，概括性的描述往往难以避免，而这些概括很容易演变成刻板印象。例如，在跨文化交流的文献中，我们可能会读到"英美人倾向于积极表达个人意见"的描述，这本身也可以被视为一种刻板印象。

然而，刻板印象并非一成不变。随着社会的发展和人们观念的更新，刻板印象也会随之变化。例如，第二次世界大战前，美国人对日本人的看法可能是积极的，战后态度可能转为负面，但随着时间的推移和社会的变迁，美国人对日本人的看法可能再次转变为正面。这说明刻板印象是可以改变的，而促进这种变化的关键在于教育、交流和对不同文化的深入了解。

（三）民族中心主义

民族中心主义是一种倾向，即用自己文化的标准和观念去评价和理解其他文化中的行为、交际方式、社会习俗、管理方式以及价值观念等。尽管现代社会倡导文化相对主义，强调每种文化都有其独特价值，不应简单地进行优劣比较，但在实际的跨文化观察和交流中，人们往往仍会不自觉地以自己的文化标准来衡量其他文化。

这种以本族文化为中心的视角，可能在无意识中影响我们对其他文化的理解和评价。例如，中国留学生可能会觉得国外的人际关系相对冷漠，这可能是因为他们习惯了中国更为密切和充满人情味的社交方式。当他们用这种习惯的标准去评价西方的人际关系时，可能会感到不适应和孤独。同样，当西方人来到中国，他们也可能会受到自己文化标准的影响，对周围的许多事物感到不适应。这种以自己文化为标准来评价其他文化的现象，说明了民族中心主义是普遍存在的。

二、了解文化休克现象

文化休克作为一种普遍现象，往往在跨文化交流的过程中悄然发生。当个体置身一个全新的文化环境中，面对文化差异，他们可能会经历一种被称为文化休克的感觉，这包括对异域文化的困惑、不适应，乃至于排斥。值得注意的是，即便语言障碍不复存在，文化休克仍可能成为沟通的障碍。

文化休克的体验通常分为四个阶段：首先是充满好奇和兴奋的蜜月期，随后可能进入一个感到沮丧和挫败的阶段，接着是逐渐恢复和调整的过渡期，最终达到对新文化的适应和融入。

（一）蜜月阶段

当一个人初次踏入一个陌生的环境，往往会被新鲜感所包围，情绪高涨，这种状态通常可以持续数周甚至半年。在接触新文化之前，人们对异国风情充满向往；而当真正置身异国文化之中，所见所闻都显得格外新奇，人们会沉浸在一种激动和兴奋之中，这就是所谓的"蜜月阶段"。

（二）沮丧阶段

随着时间的流逝，那种初到新环境的新鲜感会慢慢消失，取而代之的是对新的生活方式和习惯的不适应，尤其是当价值观发生冲突时，人们可能会感到难以接受。身处一个陌生的国度，语言的障碍和文化的差异可能会引发孤独、沮丧、失落、焦虑和思乡等情绪。在这个阶段，有些人可能会选择回避，避免与当地人和当地文化接触；有些人可能因为无法承受心理压力而选择返回自己的国家。这些都是文化休克的具体体现。

这一阶段对于刚刚进入异国文化的人来说，这个阶段是一个巨大的挑战。实际上，这一阶段是不可避免的，每一个身处异国文化的人都必须经历这一挫折期。不过，不同的人所经历的文化休克程度和表现形式各有不同。对异国文化了解得越深，挫折感往往就会越少。

（三）恢复调整阶段

经历了初期的沮丧和迷茫之后，人们开始有意识地调整自己与新环境的关系，以更好地融入新的文化。在这个阶段，人们的语言能力通常会有所提升，开始学习并掌握当地的语言和习俗，逐步理解并接受当地文化的优点和不足。他们会主动与当地人建立联系，结交朋友，这有助于缓解之前的孤独和失落感。

这一阶段对异国文化的看法也会变得更加客观和深入。不再像蜜月期那样只看到表面的美好，也不再像沮丧期那样只感受到排斥和不满。此时，对当地文化的理解更加全面，能够更加深入地了解和欣赏其独特之处。这个阶段是文化适应过程中的一个重要转折点，标志着人们开始从被动接受向主动适应转变。

（四）适应阶段

在经历了恢复和调整的阶段之后，人们开始逐渐适应异国文化和生活环境，能够在这种文化中自如地进行社交活动，并能客观地面对异国文化。这表明，文化休克现象虽然存在，但它是暂时的。随着时间的推移和个人的努力，人们能够逐渐适应异文化的工作和生活环境，使用异文化的语言进行流畅的交流，并以更加客观的态度看待不同文化之间的差异。

因此，在跨文化交际中，我们应当重视文化差异，认识到文化休克对跨文化交际可能产生的影响。通过提前了解和准备，以及在遇到文化冲突时采取积极的适应策略，可以有效地减轻文化休克带来的负面影响，促进跨文化交流的顺利进行。

第四章

跨文化交际理论研究

　　1983年,《国际与跨文化交际年鉴》首次对跨文化交际理论进行了初步探讨,这标志着跨文化交际作为一个学术领域开始受到重视。自那以后,跨文化交际的理论探索逐渐深入,学者们通过互相借鉴和综合研究,推动了这一理论的快速发展。本章将深入研究跨文化交际理论的主要内容,旨在为读者提供一个全面的理论框架,帮助读者更好地理解和应对跨文化交流中的各种情境。

第一节 意义协调理论

一、意义协调理论的内涵

意义协调理论（Coordinated Management of Meaning，CMM）是由美国传播学学者W.巴内特·皮尔斯（W. Barnett Pearce）和弗农·克罗农（Vernon Cronen）共同提出的理论框架。该理论认为，交际是一个动态的、互动的过程，它受到一系列规则的制约和指导。这些规则不仅包括语言的规则，还包括非语言的、文化的和社会的规则。

在CMM理论中，个体通过确立规则、创造和解释意义，并在交谈中使用这些规则来协调意义。理论强调了交际双方如何通过共享的规则来理解和构建共同的现实。正如严明在《跨文化交际理论研究》中所述，意义协调理论关注的是"个体如何确立规则，创造和解释意义以及这些规则如何在交谈的意义协调中使用"。①

皮尔斯和克罗农将生活比作一场没有导演的戏剧，谈话则是这场戏剧的主要产品。在这个比喻中，每个人都是演员，同时也是编剧和观众。由于没有固定的导演或剧本，每个人都根据自己的经验和理解来构建意义，并与他人进行协调。那些能够理解他人剧本的人在交谈中能够保持一致性，而那些无法理解的人则需要通过协调来达成共识。

意义协调理论认为，达成共识是一项挑战，因为它要求参与者不仅要理

---

① 严明.跨文化交际理论研究[M].哈尔滨：黑龙江大学出版社，2009：59.

解自己的意义，还要理解他人的意义，并在此基础上进行协调。这一理论的提出是基于哲学、心理学、教育学等多个学科的研究成果，旨在提供一个理解和分析交际过程的框架，特别是在跨文化交际的背景下。

CMM理论对于理解和改善跨文化交际具有重要的意义。它强调了在不同文化背景下，个体如何通过规则的共享和协调来达成意义的共识，这对于促进跨文化理解和沟通具有指导作用。通过了解和应用CMM理论，我们可以更好地理解和应对跨文化交流中的挑战，提高交际的有效性。

二、意义协调理论的假设

意义协调理论主要聚焦于个人及其与他人的关系，并深入解析了个体如何为特定信息赋予意义。该理论的前提假设涵盖以下几个方面。

（一）个人生活在交际之中

该理论凸显了交际在人类生活中的核心作用。皮尔斯强调，交际不仅仅是我们日常生活的一部分，而是我们生活本身的方式。我们通过交际来构建现实，分享经验，形成共同的理解。

意义协调理论提出，社会情景并非预设不变，而是由参与其中的个体在互动中共同塑造。这意味着，每一次对话都是由参与者共同定义的，每个人的交流都是独一无二的创造。

在这个理论中，每个人都是人际交往网络中的关键节点，他们的行为和反应不仅受到个人因素的影响，也与整个交流系统息息相关。这种系统视角揭示了个体与环境之间复杂的相互作用。

西方学术界传统上可能将交际视为一种单纯的思考和表达手段，但皮尔斯和克罗农挑战了这种观点。他们认为，要深入理解人类行为，就必须重新评估交际的角色，并在更广阔的语境中审视它。认识到交际的重要性是理解其在塑造人类行为中的作用的第一步。

（二）人类共同创造社会实在

意义协调理论的第二个基本观点是社会实在的集体构建。社会实在在这里被定义为个体与他人在交流中达成的共识，即他们对意义和行为的相互理解。

在任何对话开始之前，每个人都有自己的交流背景和经验。这些经验塑造了他们对交流的预期和理解。当两个人开始对话时，他们各自带着不同的视角和背景知识，从不同的起点出发。

在对话的过程中，通过不断地交流和互动，两个人逐渐协调他们对话题的理解，形成共同的观点。这种通过交流达成的共识就是新的社会实在，它是双方共同努力、相互影响的结果。

每一次成功的对话都可能导致社会实在的更新或转变。这种实在不是固定不变的，而是随着交流的深入而不断发展的。因此，新的社会实在的产生是双方共同参与、积极创造的过程，它体现了交流的动态性和创造性。

（三）信息传递依赖于个人意义和人际的意义

意义协调理论的第三个核心假说是，信息的传递根植于个体层面的意义与人际的意义。在人际互动的过程中，个体基于其个人经验所赋予的解读即为个体意义。这种个体意义具有明显的个性化特征，主要源于个体过去与他人交往的累积经验。个体意义在交际中占据核心地位，有助于个体挖掘关于自我与他人的信息。当互动双方就彼此的解读达成共识时，便形成了人际的意义。这种人际的意义并非单方面构建，而是由参与者共同塑造，并源自多元化的情境。鉴于人际关系的复杂性，获取人际的意义通常需要经过一定的时间累积。

综合意义协调理论的三个核心假说，该理论着重强调了交际的重要性、社会实在的构建以及意义的生成。

三、意义协调理论的总结

皮尔斯和克罗农通过意义协调理论深入挖掘了交际者的内心世界，探索了他们如何对意义进行管理和协调。这一理论以交际为出发点，具有启发性，并被广泛地应用于自我交际和人际交往的多个层面，包括对话、文化社区、家庭和组织等研究领域。

尽管意义协调理论拥有显著的优势，但也面临着一些学者的批评。戴维·布伦德斯质疑了个体在交谈中引入独特语言系统的观点，并反对将意义视为个人内在经验的看法。他认为，人们所使用的语言是共享的，是社会共享的象征意义的中介，而非私人产物。布伦德斯对皮尔斯和克罗农关于交谈规则因人而异的观点提出批评，认为这一观点过于笼统，未能充分阐释意义的社会属性。然而，不可否认的是，意义协调理论在帮助我们理解社会情境中规则的重要性方面发挥了巨大的作用。

第二节 面子-协商理论

一、面子-协商理论的内涵

美国社会学家欧文·高夫曼（Erving Goffman）作为首位系统性研究"面子"概念的学者，他运用戏剧作为隐喻，提出了人们在与他人互动时，会采取特定的方法和技巧来塑造和展示自身所期望的社交形象。在此理论中，"面子"被界定为个体在社交互动中所展现的外在"自我形象"，包含以下两个核心维度：

首先，这种"自我形象"是他人眼中的"我"，即个体在社交环境中被他人所感知和理解的形象；

其次，这个"我"是可以由个体自我控制和调整的，体现了人们对自身形象的主动管理。

人们天生具备管理和维护"自我形象"的倾向，并对面子给予高度重视。这种对面子的关注深刻地影响着人们的日常社交行为。

依据高夫曼的理论，面子源于人与人之间的社交活动。一个人是否拥有面子，不仅取决于他人对其的评价，更取决于个体自身对他人评价的预期。这种"自我形象"只有在人际交往的过程中才能形成，并且是个体在社交互动中积极构建的产物。他人如何看待个体，很大程度上取决于个体如何展示和塑造自己的面子。

1998年，丁允珠（Stella Ting-Toomey）进一步提出了面子协商理论，这是一个多维度的理论框架。她认为面子的构建是一个需要双方共同参与和协商的过程，其成功取决于交际双方的共同努力。在社交互动中，双方不仅需要积极构建自身的面子，还需给予对方面子，以实现双方面子的相互维持。面子协商理论涵盖了跨文化交际、冲突处理、礼貌行为以及"面子工作"等多个方面，为理解和处理社交互动中的面子问题提供了重要的理论视角。

为了更好地理解面子-协商理论，下面介绍其中一些重要概念。

（一）面子倾向

面子倾向在面子协商者的注意力分配和行为导向中扮演着关键性的角色。具体而言，它涵盖了以下三个核心方面：

（1）自我面子，即当个体在冲突情境中面临自身面子受损的风险时，所采取的旨在维护个人尊严和荣誉的措施。

（2）他人面子，指的是在冲突情境中，对于冲突另一方尊严和地位的考虑与尊重，旨在展现对他人的关怀与尊重。

（3）相互面子，涉及在冲突情境中，对冲突双方整体形象或双方关系形象的关注，旨在维护双方的共同利益和关系和谐。

（二）面子工作

面子工作，作为一种交际行为，旨在构建和保护个体的自我尊严，同时亦可能涉及构建、保护或威胁他人的尊严。这一行为主要涉及以下几个方面：

（1）面子倾向或对面子的关注度，即个体对于自我尊严、他人尊严或相互间尊严的重视程度。

（2）面子行动的实施，即个体是否通过特定行为来保护、维持或提升自我或他人的尊严。

（3）面子工作互动策略的制定，包括各种用于保护或提升尊严的言语及非言语行为。

（4）冲突交际风格的选择，即在冲突协商过程中，个体所展现的行为倾向和策略。

（5）面子的范围界定，即根据不同情境和关系，区分不同的尊严类型或重点。

二、面子-协商理论的假设

在不同文化背景下，面子的定义、理解和应用策略均展现出显著的差异性。丁允珠将面子-协商理论的前提假设整理如下：

（1）无论处于何种文化，人们在各类交际情境中均致力于维护和协商面子。

（2）当交际者在特定场合（如尴尬、要求或冲突等）中的身份遭受质疑时，面子的处理将变得更为复杂。

（3）个体主义-集体主义和大/小权力距离等文化维度，对面子工作的方向、活动、内容及风格有着明确的界定。

（4）个体主义-集体主义倾向决定了成员在自我导向或他人导向面子工作上的偏好。

（5）大/小权力距离的差异则影响了成员在垂直型或水平型面子交流上的选择。

（6）文化维度，结合个体因素（如自我解释）、关系因素（如亲密程度、地位、内外集团关系）以及情境因素（如局部特性），共同影响特定面子工作行为在特定文化背景下的适用性。

（7）跨文化面子工作能力表现为在处理以身份敏感为基础的冲突情境中，知识、意识和交际技巧的有效融合。

基于上述核心假设，自1998年版本的面子-协商理论以来，已有32个命题用于阐释文化与面子策略、文化与冲突风格以及面子策略的个体因素之间的关系。此后，针对文化因素与面子策略、文化因素与冲突风格、个体因素与面子策略以及个体因素与冲突风格之间的关系，亦开展了更为深入的研究。

三、面子-协商理论的总结

面子-协商理论已成为跨文化交际研究的一个重要里程碑，激发了全球学者的广泛兴趣。丁允珠的理论不仅在美国本土受到关注，也在日本等国家引发了积极的学术对话和实证研究，促进了该领域的知识积累和理论深化。

尽管面子-协商理论为理解交际中的面子问题提供了新的视角，但它在解释文化差异的深度和广度上仍存在局限。特别是在个体主义与集体主义文化背景下面子工作和冲突解决策略的差异性分析中，该理论未能提供一个全面详尽的解释框架。

此外，面子-协商理论虽然借鉴了布朗和列文森的礼貌理论，但一些批评者认为后者的理论在某些方面过于理论化，缺乏对实际交际情境的具体阐释。丁允珠也认识到了这一点，并指出布朗和列文森的理论为面子-协商理论的发展提供了理论基础，但在实际应用中仍需进一步的实证研究和理论修正。

总之，面子-协商理论无疑为跨文化交际的研究开辟了新的路径，为探索不同文化间的沟通差异和解决交际障碍提供了重要的思考工具。尽管有待进一步完善，但其对促进跨文化理解和交际能力的提升具有不可忽视的贡献。

第三节　跨文化适应理论

一、跨文化适应理论的内涵

早期的文化适应研究大多由人类学家或社会学家发起，这些研究通常聚焦于宏观层面，特别是观察原始文化群体在与更发达文化接触时，其习俗、传统和价值观等文化特征所经历的变化过程。

近年来，心理学家开始在这一领域发挥重要作用，他们的研究重点转向了个体层面，探讨文化适应如何影响个体的心理状态和过程。虽然根据雷德菲尔德和赫斯科维茨等学者对文化适应的经典定义，这一过程对接触中的两种文化都有影响，但实际上，主流文化群体受到的影响微乎其微，而对于那些新进入这一文化环境的群体，如移民或暂居者，影响则深远得多，几乎触及他们生活的每一个角落。因此，现有的文化适应研究主要集中在分析这一过程对新移民或暂居者的影响。

金荣渊教授近年来在推动交际与文化适应理论的发展上作出了显著贡献。她的初步研究聚焦于韩国移民在芝加哥的文化适应情况，并探讨了其中的因果联系。随后，她采用开放系统的观点，不断丰富和发展自己的理论，引入了移民经历的"压力—适应—成长"模型，并特别关注了跨文化转变的过程。

目前，理论界正努力将"实现跨文化适应"描述为一个双向过程，即"外来者与接纳他们的社会环境共同努力的结果"。这一视角强调了跨文化适应不仅仅是个体的适应过程，也是社会环境的接纳和适应过程。

二、跨文化适应理论的假设

跨文化适应理论建立在几个核心假设之上：

（1）适应是一种固有且普遍存在的现象。它是人类天性的一部分，使我们能够在具有挑战性的环境中寻找平衡。跨文化适应被视为环境适应过程中的一个普遍现象，这种理论将人类面对环境威胁时进行内在斗争以掌握生命控制权的特性，视为一种全人类共有的特质。

（2）跨文化适应不是一个孤立的变量，而是个体在遭遇全新且陌生的环境时所经历的整体发展过程。要全面理解跨文化适应，必须将其放在人与环境相互作用的背景下。

（3）跨文化适应是通过交际活动实现的过程。交际是实现适应的必要媒介，没有交际就没有适应。只有当个体与新环境进行互动时，跨文化适应才得以发生。文化适应不会发生在个体与新环境完全隔离的情况下。

（4）适应是所有生命体系共有的自然现象，交际是实现适应的一种方式。基于这一前提，研究的重点不在于个体是否能够适应新环境，而在于他们如何以及为什么进行适应。

这些假设为理解跨文化适应提供了一个全面的框架，强调了适应的普遍性、整体性、交际的必要性以及适应过程的动态性。

三、跨文化适应理论的总结

自20世纪初以来，跨文化适应的研究领域已经取得了显著的发展和成果。这些学术成果一方面极大地丰富了跨文化适应的研究视野，提供了宝贵的信息资源；另一方面，也给后续研究者带来了挑战，尤其是在整合和筛选繁杂的学术观点时。

跨文化适应的研究主要采用两种方法：群体研究和个人研究。群体研究聚焦于移民或种族群体的整体，探讨不同文化背景群体在频繁接触后的文化演变以及社会资源分配不均所产生的等级结构。而个人研究则关注个体在新环境中的适应行为，分析其心理状态和与新社会的融合程度。

受特定时期社会意识形态的影响，这两种研究方法各有不足。金荣渊在此基础上，提出了一套新的跨文化适应理论，对现有的观点和方法进行了深入分析和总结，形成了一套系统化、全面性的理论框架。

跨文化适应是一个不容置疑的现实现象。理解了跨文化适应的客观性之后，我们面临的选择是如何在新环境中做出适应性改变。通过不懈努力，提升在新文化中的交际技能，我们将逐步增强适应能力；反之，则可能削弱这种能力。持续的成功适应将促使我们发生微妙的下意识改变，这种改变和成长将促进我们在认知和情感上的成熟，加深对生活状况的理解。

随着心理和生理的适应，压力和适应过程将加深我们的跨文化身份感。这一过程中，"我们"与"他们"的界限将变得模糊。我们的旧文化身份不会被新文化所取代，而是转化为一种融合新旧元素的身份，使我们对差异性更具包容性和接受性，增进对不同文化的理解和欣赏。我们学会肯定自己的改变能力，并以开放的心态面对未来可能的自我转变。

第四节　身份协商理论

一、身份协商理论的内涵

在1987年，斯旺首次引入了"身份协商"这一概念，揭示了在社会交流中，信息的发送者和接收者之间存在的对立和拉锯。这种动态关系促使人们在交流时不断自问：我是谁？你又是谁？受到这一理论的启发，加利福尼亚州立大学的跨文化学者丝戴拉·汤米于1993年展开了对身份协商理论的深入探讨。

汤米提出，跨文化交际的能力在于交际双方能否在新的交际环境中实现有效的身份协商。她强调，个体在自我认同过程中感受到的安全感，是其跨文化交流意愿的关键因素；而脆弱感则可能导致焦虑。个体对安全感的需求，直接影响了他们的脆弱性。人们在寻求归属感的同时，也强调群体的界限和差异，这可能增加与他人的隔阂。能否平衡安全感与脆弱性、包容性与分离感，将决定个体在身份协商中的适应性。当个体在自我认同中感到安全时，他们的身份意识更加明确，自信心也更强，这反过来又增强了集体的信心，并提高了与陌生人交流时的应对能力。

个体与陌生人交流的动机，决定了他们寻求交际资源的积极性。在认知、情感和行为方面的适应能力越强，个体在身份协商中的效率就越高。掌握多样化的交际资源，可以提高个体在身份确定、协调和协同方面的效率。最终，交际资源的丰富性，使人们在"共建交际目标"和"发展共同的身份内涵与理解"的过程中更加灵活。

身份协商理论还指出，身份的形成主要源于家庭社会化和性别社会化。汤米博士认为，家庭是文化价值观传承的基础，人们通过长辈直接或间接地获得各种文化价值观，家庭是价值观社会化的主要途径。此外，性别差异导致的人际交往行为差异，即性别社会化过程，也是身份协商理论研究的重要内容。性别身份涉及个体对自我形象以及对"女性"和"男性"角色的期望认知和理解。汤米博士强调，不同文化背景的人在交流时，只有明确界定自己的文化身份和民族身份，才能提高跨文化交际的敏感性。

二、身份协商理论的假设

身份协商理论有以下几种假设。

（一）个体身份和群体身份

在人际交往的舞台上，个体逐渐塑造出两种核心的身份：群体身份与个体身份。这两种身份是社会文化适应过程中的自我形象的体现，如文化身份和民族身份。个体在文化、民族和家庭的社会化过程中，吸收并内化了所属群体的价值观和行为规范。

群体身份，是个体作为特定社会群体成员的身份，它反映了个体与群体之间的联系和归属感。这种身份通过社会化过程形成，个体学习并接受了群体的价值观、传统和规范。群体身份为个体提供了一种社会认同感和归属感，同时也是个体在社会互动中的一种角色定位。

个体身份，则是个体独特的自我认同，它体现了个体的个性、兴趣、能力和价值观。个体身份的形成是一个自我探索和自我实现的过程，个体在与他人的互动中，不断地认识自己，发现自己的独特性，并在此基础上建立自我形象。

在身份内容和层次上，群体和个体身份各自构建了不同的思维、情感和交流模式。群体身份倾向于强调共性、一致性和群体利益，而个体身份则更注重个性、差异性和个人利益。这两种身份在个体的社交互动中相互影响，共同塑造了个体的社会行为和心理特征。

（二）身份安全感和脆弱性辩证关系

在不同文化和民族群体中，人们对于身份安全感、归属感、可预测性、关系性和连贯性都有着根本的需求。这些需求构成了人们在社会互动中寻求认同和稳定的心理基础。

在熟悉的文化环境中，人们通常能够体验到情感的安全感，这种安全感源于对文化规范和行为预期的熟悉。然而，当人们置身陌生的文化环境时，他们可能会感受到身份的脆弱性，这种脆弱性可能源于对新环境的不确定性和对自我身份认同的怀疑。

过度的情感安全感可能导致种族中心主义，即过分强调自己文化群体的优越性，而忽视或贬低其他文化。相反，过度的情感脆弱性可能导致对与陌生人交流的恐惧，这种恐惧可能阻碍跨文化交流和学习。

在陌生的文化语境中，人们往往会依赖自己熟悉的文化习惯和社会关系网，这有助于缓解情感的不确定性和脆弱性。通过利用这些熟悉的资源，人们可以更积极地适应新的文化环境。

情感问题与自我认知和身份问题紧密相连。身份安全是指在特定文化语境下，人们对自己群体或个人身份的认知感到情感上的安全；而身份脆弱性则涉及文化身份问题的模糊性和焦虑。[①]这些概念有助于我们理解人们在不同文化环境中的行为和反应。

无论是在熟悉的还是陌生的文化环境中，人们都在寻求情感的安全感和身份的认同。通过理解和应对情感安全感和脆弱性，我们可以更好地促进跨文化交流和理解。

（三）身份包容和区别辩证关系

身份包容与区别是身份界限调节的两个关键方面，它们共同影响着个体和群体的互动以及个体在社会中的位置感。

身份包容指的是个体或群体在情感、心理和空间上对内外群体的接纳程度。它涉及个体在重要的群体成员分类中界限的保持问题，即个体如何界定自己与他人的关系，以及在多大程度上愿意接受和包容不同的群体成员。身份包容的程度高可以促进群体内部的和谐与团结，增强成员之间的联系和归属感。

身份区别则是指内部或外部群体成员在调节群体界限时的疏远度。它涉及群体成员如何界定自己与其他群体的界限，以及在多大程度上强调自己群体的独特性和差异性。身份区别有助于维护群体的独立性和特性，但过度的区别可能导致排他性和对立。

身份界限的调节对于满足群体内部的包容需求和群体间的区别需求至关重要。当一个群体在与其他社会文化群体的比较中占有优势时，其成员可能会更加积极地肯定自己的身份。相反，如果处于劣势，个体或群体可能会采取不同的策略，比如改变所属的群体、调整比较的标准和维度，或者重新评估和肯定自己群体的价值。

---

① 严明.跨文化交际理论研究[M].哈尔滨：黑龙江大学出版社，2009：101.

恰当的身份包容和区别是人际交往过程中的双向推动力。一方面，适度的身份包容有助于个体理解个人身份的意义和重要性，促进个体的自我认同和发展。另一方面，适度的身份区别有助于保持群体的独特性和多样性，避免同质化。然而，如果身份包容过多，可能会导致个体对个人身份的模糊和不确定性；而身份区别过多，则可能使个体或群体在社会互动中变得不受欢迎，甚至遭受排斥。

因此，平衡身份包容与区别，对于促进健康的社会关系和个体的全面发展具有重要意义。通过理解和调节这两种力量，我们可以更好地促进不同群体和个体之间的和谐共处。

（四）交际的可预知性与不可预知性辩证关系

交际的可预知性与不可预知性是社交互动中的两个重要方面，它们与信任和不信任的感觉紧密相连。

可预知性在与熟悉的人交流时体现得尤为明显。由于对对方的了解，人们可以预测对方的行为和反应，这种预测性为交流提供了稳定性和安全感。在这种情境下，人们倾向于形成一种可信赖的沟通氛围，因为知道对方的交流风格、价值观和期望，从而能够更有效地建立联系和理解。

不可预知性则通常出现在与陌生人的交流中。由于缺乏对对方的了解，人们往往无法预测对方的行为和反应，这种不确定性可能导致焦虑和警觉。在这种情况下，人们可能会更加谨慎，甚至产生防备心理，因为不知道对方的真实意图或可能的行为。

这种可预知性与不可预知性的辩证关系，实际上反映了信任与不信任的问题。信任的建立往往需要时间、经验和相互了解，而这些都是与熟悉的人交流时更容易获得的。相反，与陌生人交流时，由于缺乏这些因素，信任的建立可能会更加困难。

（五）身份自主性和关系性的辩证关系

在亲密而重要的人际关系中，身份自主性和关系性之间的界限调整是一个复杂的问题。这个问题涉及个体如何在保持自我独立性的同时，与他人建立和维护关系。

身份自主性指的是个体在社会关系中保持自我决定权和个人空间的能力。在个体主义文化背景下，人们倾向于强调个人自主性，重视个人的选择、自由和隐私。这种文化鼓励个体追求个人目标和自我实现，即使这可能意味着与他人的关系会有所疏远。

关系性则是指个体与他人之间的联系和互动。在集体主义文化中，人们更注重与周围人建立和谐的关系，强调群体的利益和团结。这种文化背景下的个体倾向于牺牲一些个人自主性，以维护社会关系的稳定和群体的和谐。

身份自主性和关系性的平衡，受到文化价值观的深刻影响。文化语言的运用和非语言的情感表达都是这种平衡的体现。例如，某些文化可能更倾向于使用含蓄的语言来表达情感，而其他文化则可能更直接和开放。

为了更好地理解和处理自主性与关系性之间的界限，人们需要深入了解不同文化、民族、性别和关系等方面的价值取向。这包括学习不同文化中的语言习惯、交流风格和非言语行为的规范。

此外，在个体主义、集体主义以及混合文化群体中，言语和非言语信息的表达方式可能存在显著差异。了解这些差异有助于个体在不同的社交环境中更有效地沟通和建立关系。

（六）身份一致性和变异性的辩证关系

身份一致性和身份变异性是个体在不同社会文化环境中身份认同和表达的两个方面。

身份一致性指的是个体在长时间内通过反复实践熟悉的文化或民族交流规范，形成的一种身份的连续性和稳定性。这种一致性为个体提供了一种稳定的自我认同感，帮助他们在社会互动中保持一致性和可预测性。

身份变异性则是指在跨文化联系中，个体身份的多样性和变化性。这种变异性可能表现为从细微的调整到明显的转变，特别是在移民者的身份转变过程中。文化适应是一个长期的过程，涉及新移民者对新价值观、规范和文化符号的适应，以及新角色和技能的培养。

社会文化适应是个体在本土文化中习得本土文化价值观的基本社会化过程。移民者的文化适应过程受到多种因素的影响，包括理论系统层面、个人层面和人际关系层面。一个综合的理论系统可以为新移民者提供有利的环境，但也可能带来不利的情况。

在有效的跨文化交际中，来自不同文化背景的人们需要展现出优雅和热情，而新来者则需要积极地学习和适应。没有双方的共同努力，交际中可能会出现困惑、沟通障碍和不团结等问题。如果个体在身份安全、包容、交际可预见性、关系和连贯性方面达到较高水平，他们就更有可能实现身份的顺利转变。

在跨文化身份转换过程中，身份连贯性或稳固性与身份变异性或不稳固性共存。这种辩证关系体现了对立统一的原则，即两个方面既相互对立又相互依存。在处理这种关系时，我们不能过分偏向任何一方，也不能采用极端或静止的方法来看待问题。

身份一致性和身份变异性是个体在跨文化环境中不断寻求平衡和适应的两个方面。通过理解和尊重这两种力量，我们可以更好地促进跨文化理解和交流，帮助个体在不同文化环境中找到自己的位置。

三、身份协商理论的总结

身份协商理论构建了五组核心理论假设，包括身份的安全感与脆弱性、包容与区别、交际的可预知性与非预知性、自主性与关系性，以及身份的一致性与变异性。这些辩证关系假设为深入剖析文化和民族身份提供了坚实的理论基础。

身份协商理论不仅提供了理论框架，还强调了实践中的应用。它期望通过培养个体的身份协商能力，帮助人们获得被理解、被尊重和被肯定的满足感。因此，它特别强调身份协商能力的培养，建议个体：掌握一定的文化知识，以更好地理解不同文化背景下的行为和价值观；学习有效的交际技巧，以促进跨文化环境中的有效沟通；保持积极的态度，以开放的心态面对文化差异和身份多样性。

在全球化的今天，人们的身份特征越来越多样化，身份协商理论的实际应用范围非常广泛。无论是在国际商务、教育、外交还是日常生活中，这一理论都为我们提供了一种理解和应对跨文化交流挑战的有力工具。丝戴拉·汤米的身份协商理论对于促进跨文化交际学的发展具有重要意义，它帮助我们认识到在多元文化的世界中，如何通过协商和沟通来建立和维护和谐的关系。

第五节　身份管理理论

一、身份管理理论的内涵

库帕克与今堀（Cupach & Imahori，1993）所提出的身份管理理论，起初立足于人际交流技能，随后进一步拓展至跨文化交流的领域。这一理论深植于关系学说，强调个体处理跨文化问题的综合能力，并吸纳了众多身份理论的精华，包括身份协商理论及文化身份理论。它详细剖析了在实际交际中如何巧妙运用"面子工作"策略，以积极保护或恢复双方的尊严，同时对关系身份、关系性质，以及影响面子工作策略的象征性行为和规则进行了深入探讨。

该理论的核心理念指出："人类的交际技巧涵盖了在互动中有效地协商并达成共识的身份定义。在交流中保持面子的能力，是衡量个人交际技巧的重要标准。"库帕克和今堀进一步指出，这一理念在跨文化交流中同样适用。身份管理理论帮助人们在跨文化交流中对各自的文化身份有更清晰的认识，同时考虑到面子工作的策略，以促进交流的顺利进行。

二、身份管理理论的假设

身份管理理论的假设主要涉及以下几种。

（一）交际能力需要通过交际者都满意的交际行为来获得

身份管理理论着重于个体如何综合运用其能力来处理文化差异所带来的问题。库帕克和今堀（1993）强调，有效的交际能力不仅仅是一种技巧，更是一种能够让交际过程中所有参与者感到满意和尊重的能力。这种能力要求个体展现出既有效又得体的交际行为。

科利尔（Collier，1998）进一步指出，交际能力往往建立在一种由主体文化所决定的"隐形特权"之上。这意味着在特定的交际情境中，个体的交际能力可能会受到其文化背景的潜在影响。换言之，身份协商的能力并非孤立存在，而是需要在双方都能接受的文化身份基础上进行。

（二）交际者自身不同角度的定位需要文化身份的协助

根据文化身份理论，身份管理理论特别强调文化身份在跨文化交际中的核心地位。库帕克和今堀（1993）将身份定义为"个体的自我概念"，这个定义突出了身份是个体如何认识自己以及如何被他人认识的基础。

身份是一个多层次、多维度的复杂结构。它由多种可能相互重叠的亚身份组成，这些亚身份可以是国别、民族、地区、性别、年龄、年代、职业、政治、社团或经历等。身份的界限是流动的，能够随着不同的条件和环境而发展变化。这种多样性和流动性表明，身份不仅仅是一个静态的标签，而是一个动态的、与个体在不同社会关系中的角色和地位相关联的构造。

身份管理理论特别关注文化身份和关系身份。文化身份不仅包括个体对自己所属群体的归属感，还包括对该群体意义系统和行为规范的认同。科利尔和托马斯（Collier & Thomas，1998）进一步将文化身份定义为"主动地将自己归属于某一群体，并且拥有该群体的意义系统和行为规范等"，强调了文化身份是一种主动的、有意识的选择和认同。同时，他们指出文化身份包含了所有与社会文化相关的身份形式。

（三）交际者间统一协调意义与行为需要关系身份的协助

关系身份深植于关系文化之中。伍德（Wood，1982）将其定义为对私下里相互关系和活动的一种理解。这种理解对于人们在意义和行为上达成一致具有重要作用。

身份特征并非固定不变，而是随着不同的交际场景而变化。交际者能够根据不同的交际环境，调整自己的交际方式，以适应跨文化交际、文化间交际或人际交往的需要。因此，明确区分交际关系和交际类型是至关重要的。

在交际过程中，身份常常体现为个体向外界公开展示的"自我形象"。这包括个体期望展现的身份，或是其在现实生活中所扮演的角色。这种身份是交际者有意识地向他人呈现的，是他们在交际互动中主动塑造和展示的自我。通过这种方式，个体能够在不同的交际场合中，有效地表达自己的身份，并与他人建立起积极的关系。

（四）交际者面子的保持是相互交际的必要条件

个体在社会中的定位往往与其"面子"紧密相关。"面子"不仅关乎个人的尊严和社会地位，也是维护交际秩序和文明交往的基础。在社会互动中，保持面子被视为顺利进行交际的必要条件。

通常，人们在交际中都会努力维护他人的面子，并期望得到对方同样的尊重。这种相互保护面子的行为，本质上是帮助各方实现交际目标的一种社会默契。通过这种方式，个体能够在社会互动中获得正面的认可和尊重，同时也促进了和谐的人际关系。

然而，当个体面临可能损害他人面子的情况时，就可能出现所谓的"面子威胁"。对个体面子的威胁，实质上是对个体在社会中定位和身份的挑战。这种行为不仅可能伤害到个体的自尊和尊严，还可能破坏双方之间基于相互认同和尊重的合作关系。这种合作关系是确保交往顺畅进行、达到预期目的的关键。

（五）面子工作中的策略与技巧是形成跨文化交际能力的基础

布朗和列文森（Brown & Levinson）的面子理论区分了两种面子类型：积极面子（positive face）和消极面子（negative face）。积极面子指的是个体希望被他人接受、喜爱和欣赏的愿望，而消极面子则是指个体希望保持自主性、不受他人干涉的愿望。

Metts（2000）进一步阐释了在交际中如何考虑他人的积极面子，即要充分考虑对方的性情、价值观、优势、成就和外表等个人特质，并且将对方视为平等的伙伴。在与经验丰富的交际者交流时，应注意保护自身的消极面子，避免过多地透露个人信息，以免显得过于以自我为中心或依赖他人。

在交际过程中，采取某些策略可以调节对他人面子的潜在威胁，这些策略包括保护面子不受威胁，或是在面子受到威胁时进行挽回。这些交际行为统称为"面子工作"。面子工作中的策略和技巧是跨文化交际能力的重要组成部分，它们有助于形成和维护交际中的合适身份，促进个体实现交际目标。

合适的身份代表个体在交际中的社会角色和期望。通过有效的面子工作，个体不仅能够展示和维护自己的身份，还能够尊重和理解他人的身份，从而建立起基于相互尊重和理解的稳定社会互动模式。这种互动模式有利于促进个体在跨文化环境中的交际成功，实现更深层次的相互理解和合作。

三、身份管理理论的总结

身份管理理论致力于阐明个体如何在跨文化交流中有效管理身份和运用面子工作策略，从而增强交际能力。尽管这一理论在学术界得到了广泛的认可，它也面临着一些批评和挑战。Imahori的研究虽然揭示了面子工作中的一些策略，并探讨了关系身份、关系类型以及面子工作策略中的象征和规则，但该研究未能长期追踪跨文化交际者的关系发展，因此在解决跨文化交际中的所有身份问题方面存在局限。

尽管如此，身份管理理论还是为我们提供了深入理解跨文化交际中身份管理复杂性的视角。从该理论中提炼出的三个关键原则，对于培养跨文化交际能力具有显著的指导意义：

（1）建立关系身份：跨文化交际双方需要识别并建立彼此间的关系身份。

（2）视文化差异为财富：将文化差异视为一种资源而非障碍，倡导在差异中寻求共识，尊重多样性。

（3）身份与关系管理的互补性：认识到身份管理和关系管理是相互依存、不可分割的。

综上所述，身份管理理论虽然尚需进一步地完善和深化，但其对交际中的面子管理的重视，对于降低跨文化交际障碍、促进密切且成功的交际关系形成具有不可估量的积极影响。

第五章
跨文化交际与外语教学的关系阐释

　　在全球经济一体化和文化多样性的迅猛推进下，各国人民的交流互动日益紧密，国家间的跨文化活动越发频繁。当前，国际交流的主要挑战已超越语言本身，更多聚焦于对不同文化模式和文化传统的正确理解与接纳。鉴于此，社会对于具备跨文化交际能力和跨文化视野的人才需求越发迫切。因此，深入了解跨文化交际与外语教学的相互关系，对于满足这一需求至关重要。

第一节　文化教学与文化研究

一、文化教学与研究的内容及层次

从目前外语教学和研究的情况看，涉及文化的有几种不同情况。

（1）在教授语言的过程中，务必严谨地结合语境，并深入剖析文化背景及其所蕴含的文化内涵。这一做法旨在确保学习者能够全面理解并准确运用所学语言，从而在实际交流中达到更好的沟通效果。例如，"Hello.""Hi.""How do you do？""How are you?"等分别可以用于什么情况下；单词propaganda, politics, privacy和individualism的确切含义分别是什么；在哪些场合下使用正式文体，在哪些场合下使用非正式文体；等等。应当明确指出，针对不同层次的外语教学，应确保有与之相匹配的教学内容与项目设置。

（2）针对学生因文化因素导致的语言错误进行深入分析，旨在提升学生的文化敏感性，使学生认识到交际能力的提升不仅依赖于语言形式的掌握，还需深入理解文化背景。

（3）为系统传授文化知识，可开设涵盖所学语言国家历史、文学等内容的课程，以增强学生的文化素养。

（4）为从理论层面提升学生的跨文化交际意识与能力，可设置包括语用学、国情语言学、语言与文化、跨文化交际学等课程，为学生提供全面的学习机会。

（5）为加强理论与实践的结合，可开展一系列研究工作，搜集相关例证，进行系统的文化对比，并使之与我国实际相结合，以得出具有普遍指导意义的结论。研究工作的重点将聚焦于语用学、国情语言学、跨文化交际学等领域。

不管是文化教学还是文化研究均存在一个层次问题。语言与文化紧密相连，文化无处不在，所以不应该认为只在高年级才能讨论文化。另外，其也特别讲究阶段性，学生一接触到英语就应尽快向其传授文化知识。综上所述，随着语言能力的逐步提升，文化的重要性日益凸显，因此，文化教学的比重也相应得到了增加。

在提及的五种文化教学与研究的情境中，前三种在外语院系中均已有所体现，尽管它们在各个院系的表现程度和方式上存在一定差异。第四种情况仅在少数院、系得以实施，多数尚不具备条件。对于最后一种情况，当前还处在筹划阶段，距离取得成果还需要一段时间。

二、国外文化教学研究

自20世纪60年代起，国外对于文化教学的研究便已开始，其中研究者们深入探讨了外语教学中文化教学的重要性，并进行了大量研究。

（一）美国文化教学研究

1957年，美国学者拉多（Lado）构建了文化对比的框架，这一理论旨在帮助教师识别文化学习中的难题，并加深学生对自己本土文化的认识。然而，拉多的框架存在局限性，主要关注了文化的表面现象，而未能深入探讨文化现象背后的深层内涵。

布鲁克斯（Brooks，1968）进一步将文化划分为形式文化和深层文化两个层面，基于个体对文化作用的意识和观察能力。尽管他的文化分层定义较为宽泛，但他强调在外语教学的全过程中应注重文化教学，并主张在不同教学阶段采用不同的文化教学策略。

诺斯特兰（Norstrand，1974）则提出了更为系统的文化分析模式，详细列举了32项社会文化系统内容。他的研究对文化内容进行了细致的分类和整理，为外语教学的实施提供了便利。

斯温（Swain，1980）等学者认为，通过交际方式可以加深人们对语言与文化结合重要性的认识。在当时，外语文化教学已开始将目的语语境作为教学的关键组成部分。

21世纪以来，美国在文化教学的内容和方法上进行了更深入的拓展，提倡采用体现性语言教学法进行文化教学，标志着文化教学研究进入了一个繁荣发展的新阶段。

克莱尔·克拉姆施（Claire Kramsch，2005）强调，文化定义了语言的内容和形式，如果不了解语言所根植的文化背景，就难以实现语言的灵活运用。[①]

这些学者的研究成果和观点凸显了文化教学在语言教学中的核心作用，指出了文化教学对于语言学习者全面掌握语言能力的重要性。

（二）欧洲文化教学研究

在1880年，法国教育家古安（F. Gouin）在其著作《语言教学与学习的艺术》中首次强调了文化在语言教学中的关键作用。

在欧洲，外语教学受到了美国听说教学法和西欧视听教学法的影响，倾向于将语法结构作为教学的核心。尽管如此，文化课程也被纳入教学体系，但文化教学与语言教学往往保持一种相对独立的状态。

为了解决这一问题，英国学者拜拉姆（Byram）在对欧洲文化教学现状进行深入调查后，发展出了一套适应欧洲交际需求的综合文化教学模式。拜拉姆在这一模式中详细阐述了文化教学的方法、原则、内容和评估方式，特别强调了文化教学应注重具体知识和行为的传授。他提倡以典型的文化事实为基础进行教学，以促进学生对文化的深入理解和应用。

拜拉姆的工作标志着对文化教学重要性的重新认识，并推动了文化教学与语言教学更紧密地融合，为培养具有国际视野和跨文化交际能力的人才奠定了基础。

---

① 陈桂琴.大学英语跨文化教学中的问题[D].上海：上海外国语大学，2014：12.

三、国内文化教学研究

相较于国外文化教学研究，中国的文化教学研究在起步上稍显滞后。自1980年始，中国学者在《现代外语》期刊上发表了题为"词汇的文化内涵与英语教学"的论文，首次指出英语教学中对词汇文化因素的忽视，这标志着中国对语言与文化关系研究的初步探索。

何自然（1988）对英汉日常用语中的文化差异进行了详尽的对比分析。随后，顾曰国（1994）着重强调了礼貌在语用学中对于语言与文化关系的重要性。

1994年，胡文仲编纂了《文化与交际》论文集，汇集了当时众多学者、专家的研究成果。同年，王福祥等人也编辑了《文化与语言》论文集，这两部作品均成为当时文化教学研究领域的杰出代表。

1996年，束定芳进一步将文化导入项目细化为词语文化与话语文化两大类别。进入2000年，刘爱真提出了从宏观和微观两个层面进行文化教学的建议，旨在帮助学生构建对目标语言文化的深刻认知模式。

至2003年，刘长江明确阐述了外语学习的目标在于实现双语文化的交叉交际能力。自20世纪80年代起，交际法的引入为外语教学注入了新活力，显著推动了文化教学的发展。然而，从整体角度审视，中国的文化教学依然过多依赖传统教学方法和理念，教学内容常停留在表面，未能深入挖掘文化教学的深层价值。

因此，对于中国的文化教学进行全面而深刻的改革显得尤为必要。这不仅有助于提升教学效果，更是培养具备国际视野和跨文化交际能力人才的关键所在。

第二节　跨文化交际能力在外语教学中的定位

　　回顾中国各级教学大纲的制定，可以明显看到对跨文化交际能力的重视。例如，2000年发布的《高等学校英语专业英语教学大纲》（以下简称《教学大纲》）中明确指出："重视培育学生的跨文化交际能力。在专业课程教学中，应培养学生对文化差异的敏感度、宽容度以及处理文化差异的适应性。"并强调"跨文化交际能力的培养主要在高年级的社会文化课程中实施"。

　　2007年，教育部高等教育司发布的《大学英语课程教学要求》（以下简称《教学要求》）中提出："大学英语课程以外语教学理论为基础，涵盖英语语言知识与应用技能、跨文化交际和学习策略等内容，并综合运用多种教学模式和手段。"尽管该文件将跨文化交际纳入教学内容，但未具体说明如何培养这一能力，也未明确指出如何在教材中体现跨文化交际的培养。

　　2011年，《义务教育英语课程标准》（以下简称《课程标准》）进一步明确了培养学生跨文化交际能力的途径。在"课程设计思路"中指出："本课程体系旨在培养学生的综合语言运用能力，依据语言学习的规律和义务教育阶段学生的成长需求，从语言技能、语言知识、情感态度、学习策略和文化意识等五个方面制定课程的总体目标和分级目标。"其中，文化意识部分特别强调了文化知识、文化理解和跨文化交际意识及能力的重要性。

　　三个大纲在对待跨文化交际能力的表述上各有侧重，《教学要求》的表述最为简略，仅将其视为教学内容的一个组成部分。相比之下，《教学大纲》明确提出了培养跨文化交际能力的重要性，但将这一任务主要安排在外语专业高年级的社会文化课程中。而中小学的《课程标准》则在文化、文化意识以及跨文化交际能力的表述上更为详尽，尽管它没有明确指出培养跨文化交际能力的具体实施要求。

　　这种差异可能源于大纲设计者对跨文化交际能力的不同理解，也可能是因为各大纲制定的时间跨度较大，反映了不同时间段内教育理念的演变。《教学大纲》发布于2000年，随后在2007年《教学要求》得到印发，而《课程标准》则是在2011年颁布。正如前文所述，在这段时间内，外语教育界对跨文化交际能力的重视程度逐渐提升，相关研究和讨论也日益增多，但关于如何在教学实践中准确定位和培养这一能力的具体讨论仍然不多。

跨文化交际能力是一个复杂议题，国际学术界对此的探讨已有半个世纪的历史。如何培养这一能力更是一个开放性问题，不同的学者和教育者可能会有不同的见解。这一议题不仅涉及我们对跨文化交际能力本质的理解，也与近年来学术界对这一领域深入研究，提出的新问题和视角有关。前文已经对跨文化交际能力的概念进行了阐释，在这里不再重复，以避免赘述。

根据跨文化交际能力的内涵，并结合中国各类教学大纲，可以观察到大纲设计者对跨文化交际能力的理解并不统一，对这一能力的重视程度和培养要求也存在差异，某些方面甚至显示出了简化处理的倾向。

中国的《教学大纲》早在2000年就提出了培养跨文化交际能力的重要性，这一点非常值得肯定。但是，将培养任务主要放在高年级的社会文化课程中可能不够周全。虽然社会文化课程能够向学生传授西方国家的地理、历史、文化等知识，有助于提高学生的跨文化交际能力，但认知层面仅是跨文化交际能力的一部分，仅提供知识信息并不足以全面培养跨文化交际能力。

跨文化交际能力的培养不应该仅限于一门或几门特定的课程，而应该渗透在整个教学过程中。外语专业的众多课程都应该从跨文化的角度进行教学，即便是教授精读课文，也可以通过文化对比和提升文化意识的方式来进行，这代表了教学方法的一种创新。我们所提倡的是在教学中融入跨文化视角，这种视角应该成为所有课程教学的共同特点。

除了课堂教学之外，培养学生的跨文化交际能力还需要课外活动和实际工作环境的支持与配合。《教学要求》将跨文化交际能力的培养简化为教学内容的一部分，这种做法可能过于简化了问题。在教学中，培养学生的跨文化交际能力不仅涉及教学内容的选择，更包括教学方法的创新。仅仅在教材中增加一些跨文化交际的内容，并不能确保有效提升学生的跨文化交际能力。在很多情况下，教学方法的改革可能比内容的选择更为关键。

《课程标准》在考虑跨文化交际能力的培养方面做得更为细致和周到，提供了更为具体的设计，并对文化意识的分级标准进行了详尽的描述。然而，在实施建议部分，对于跨文化交际能力的表述似乎缺乏一致性。在实施建议的第四部分共列举了三种不同的表述方式：首先，提到了"需着重培养学生的跨文化交际意识，并促进其跨文化交际能力的全面发展"；其次，提出"应着重于学生跨文化交际意识的塑造，以及初步跨文化交际能力的构建"；最后，强调"在让学生亲身体验跨文化交际的过程中，逐步引导他们形成跨文化交际能力"。

"培养学生的跨文化交际意识"与"形成跨文化交际意识"是两个不同的概念。培养是一个持续的、动态的过程，而形成则是这一过程的最终成果。在中小学教育阶段，提出要"形成跨文化交际意识"或"形成跨文化交际能力"，可能对学生们来说是一个过于苛刻的要求。欧洲的中小学教学环境与中国相比存在显著差异，外语教师通常有更多的机会接触异国文化，甚至有机会在目的语国家进行学习和进修，而学生学习外语的条件也往往更为优越，有更多的机会接触和了解外国文化。即便如此，教师们普遍认为，在中小学阶段培养跨文化交际能力是一项长期而艰巨的任务，这一阶段的教育更多的是为学生打下一个坚实的基础。

科波里亚斯进一步指出，获取跨文化交际能力是一个永无止境的过程，因为无法预知学习者在所有情境下、任何时候可能需要的所有知识。因此，培养跨文化交际能力是一个持续终身的学习活动。[①]

当前，我们迫切需要在跨文化交际能力的基本问题上达成共识。首先，学术界应在学术期刊上就跨文化交际能力的定义、内涵以及如何将跨文化视角融入外语教学进行深入讨论，以形成统一的认识。其次，教育者和学者们需要研究并明确在教学的不同阶段对跨文化交际能力的具体要求。我们应当避免两个极端：一方面，不能对学生的跨文化交际能力培养放任自流，缺乏指导和要求；另一方面，也不应提出超出学生能力和发展阶段的过高要求。

在教学大纲的修订过程中，除了要考虑本阶段的教学目标和合理规划，还必须考虑到教育的连贯性，特别是中小学与大学阶段的衔接。这意味着大纲的制定应当为学生提供一个逐步深入的学习路径，确保他们在进入更高层次的教育阶段时，已经具备了必要的跨文化交际基础。

---

① Coperias，M. J.Interculturalcommunicativecompetenceinthecontextof theEuropeanhighereducation area[J]. Language and Intercultural Communication，2009，（4）：250-251.

第三节　跨文化交际理论应用于外语教学的原则

一、循序渐进原则

外语学习确实是一个长期而复杂的过程，它要求学习者投入持续的时间和精力。正如语言能力的提高并非短期内能够实现，它需要经过一个逐步积累和深化的旅程。因此，外语学习可以被视为一个终身学习的过程。

教师在规划和组织跨文化教学活动时，应该充分认识到这一过程的渐进性，并坚持循序渐进的原则。教学活动的设计应该从简单到复杂，从易到难，让学生在舒适区内逐步建立起信心和能力。一开始，教师可以安排一些基础且易于管理的跨文化活动，这样既能激发学生的兴趣，又能帮助他们避免因难度过高而感到沮丧或自卑。随着学生对跨文化内容的熟悉度和理解力的提高，教师可以逐步引入更多样化的教学形式，并适度提升活动的难度，以促进学生的进一步学习和成长。通过完成各种跨文化任务，学生不仅能够增强自己的语言能力，还能提升解决问题的能力，从而获得更多的自信和成就感。

二、针对性原则

在传统的外语课堂教学模式中，教学大纲、教学目标、教学计划和教材等往往是统一制定的，旨在满足所有学生的学习需求。这种一刀切的方法虽然在一定程度上确保了教学的标准化和系统化，但同时也存在一些局限性，尤其是在关注学生个体差异方面。学生的智力水平、学习能力、性格特点等个体差异在这种教学模式下很难得到充分的考虑和体现。

跨文化教学则以其丰富的内容和多样化的形式为传统课堂教学带来了新的视角和可能性。跨文化教学强调尊重和利用学生的个体差异，通过因材施教的方式，激发每个学生的学习兴趣和潜能。这种教学方法认为，每个学生都是独特的个体，具有不同的学习风格和需求。

在实施跨文化教学时，教师可以根据学生的特点和需求，设计和采用不同的教学活动和方法。例如，对于视觉型学习者，可以提供更多的图像、视频等视觉材料；对于动手操作型学习者，可以设计更多的互动和体验式活动；对于内向或外向的学生，可以采用小组讨论或个人展示等不同的互动形式。

三、趣味性原则

克拉申（Krashen）的"情感过滤假说"提出了一个观点：在传统的课堂教学环境中，由于教学方式、教材内容、课堂氛围等因素的限制，学生可能会产生较高的情感过滤层，这会导致他们感到紧张和焦虑。这种情绪状态可能会阻碍学生对可理解性语言输入（i+1）的吸收和理解，从而影响语言学习的效果。

相比之下，在跨文化教学活动中，学生的情感过滤层往往能够得到有效的降低。跨文化教学的多样性和互动性能够激发学生的兴趣，创造一个更加轻松和愉悦的学习氛围，从而减少学生的心理负担，使他们更加开放地接受新的语言知识。

跨文化教学的趣味性对于激发学生的学习动机和提高学习效果至关重要。教师应该努力设计有趣且富有吸引力的教学活动，以调动学生的积极性和参与度。例如，可以通过组织角色扮演、文化体验、语言游戏等活动，让学生在轻松愉快的氛围中练习语言技能，了解不同文化背景。

四、分别组织原则

跨文化教学的有效实施确实需要遵循分别组织原则，即根据学生的具体情况和需求，有针对性地设计和组织多样化的教学活动。在外语跨文化教学中，活动类型通常可以分为大型集体活动、小组活动和个人活动三种形式，每种形式都有其独特的作用和价值。

小组活动因其灵活性和互动性，在外语跨文化教学中尤为常见。教师可以根据学生的外语水平、兴趣爱好和学习特点，将学生分配到不同的小组，如表演小组、会话小组、戏剧小组等。这样的分组方式不仅能够确保每个学生都能在适合自己的环境中学习和交流，还能激发学生的个人才华和创造力。

个人活动、小组活动和大型集体活动之间存在着密切的联系和互动。大型集体活动往往需要依赖小组活动的成果和贡献，而小组活动的效果又建立在每个成员的个人努力和参与之上。因此，教师在组织外语跨文化活动时，应该充分考虑这三类活动的内在联系，合理安排它们的比例和顺序，确保它们能够相互支持、相互促进。

五、及时总结原则

跨文化教学的总结工作至关重要，对教学效果的提升具有显著的积极影响。无论活动形式如何，教师在活动结束后均应及时进行深度分析与全面总结，旨在识别所取得的成果与存在的问题，并深入剖析问题成因，为日后跨文化教学活动的有效实施奠定坚实基础。同时，总结的具体形式应紧密结合活动特性进行灵活选择。

六、情感性原则

情感性原则是外语教学中不可或缺的一个重要方面。情感在人类的各种活动中都扮演着关键角色，对学习过程和效果有着显著影响。以下是情感性原则在外语教学中的具体体现：

（1）情感融入教学：教师应将积极的情感融入教学中，以实现情感与知识的和谐统一。这种情感的融合能够激发学生的求知欲，促进知识的理解和吸收。为此，教师需要首先展现出积极的情感态度，以此激发学生的情感参与和学习热情。

（2）教学与乐趣结合：这一原则强调在轻松愉快的氛围中进行教学，使学生在快乐的情绪中学习。教师需要巧妙地设计教学活动，使之既有趣味性又能达到教学目标。同时，教师应将情绪调节作为教学的一部分，但不应让情绪调节成为课堂的全部，以确保学生保持最佳的学习状态。

（3）重视情感转移：情感转移是指个体对某一对象的情感可以影响到与之相关联的其他对象。在教学中，教师的情感状态可以影响学生，教学内容中的情感元素同样能触动学生的情感。此外，文本作者或文中人物的情感也可能会感染学生。教师应利用这一原理，帮助学生在学习过程中获得积极的情感体验。

通过这些方法，教师可以有效地调动学生的情感，创造一个支持性和激励性学习环境，从而提高外语教学的效果。情感的积极体验不仅能够增强学生的语言学习兴趣，还有助于建立学生的自信心和学习动力，为语言学习提供强大的内在支持。

七、综合性原则

综合性教学原则作为教师须恪守的重要准则，具体涵盖以下几个方面的要求。

（一）整句教学与单项训练相结合

在大学外语教学的框架内，其核心目标旨在提升学生的语言运用能力。为实现此目标，教学方法需遵循总分结合的原则，既要注重整句的教学，亦要融入单项训练。当学生的语言知识水平达到一定标准后，他们便能将这些知识应用于日常生活与工作中，从而进一步促进其语感能力的提升。具体而言，大学外语教学应首先聚焦于整句教学，初始阶段教授简单句子，随着学生知识积累的加深，逐步引入复杂句子的教学。在此过程中，应将整句练习与单项训练有机结合，以确保教学效果的全面性和深入性。

（二）进行综合训练

语言学习是一个综合性的过程，不应被视为孤立的活动，而应被视为一个统一且连贯的整体。因此，教学中应该实施全面的综合训练，将听力、口语、阅读、写作和翻译等各项语言技能融合在一起进行教学。

在大学外语教学的实践中，培养学生的听、说、读、写、译能力构成了教学的核心内容。教师应致力于多感官训练，通过平衡这五项技能的教学比重，确保学生能够在各个方面得到均衡的发展。这种多元化技能的训练方法有助于学生逐步掌握学习任务，并不断提高学习成效。

（三）进行对比教学

鉴于不同语言之间存在的显著差异性，大学外语教学中，教师需承担起引导学生对不同语言进行深入对比的职责。通过此种对比，旨在使学生能够明确识别不同语言在动植物词汇、人名、地名、称谓语以及禁忌语等诸多领域的区别。此外，教师还应鼓励学生准确运用所学语言进行写作与翻译实践。总体而言，通过实施对比教学策略，学生将能够持续增强自身的学习成效。

八、以就业为导向原则

在当前教育环境中，以就业为导向的教学理念正逐渐受到学校和师生的广泛重视。传统的应试教育模式常常侧重于通过考试来评价学生的学习成果，这可能导致学生出现分数高但实际应用能力弱的情况。以英语为例，不少学生虽然经过多年学习，但在毕业时仍然缺乏用英语进行口语交流的自信，而社会对英语口语能力的需求却在不断增长，这使得学生在就业时面临较大挑战。同时，一些学生认为学校课程与未来职业关联不大，导致他们对学习失去热情。

因此，我们提倡采用以就业为导向的教学原则，即教学活动应服务于学生的就业需求，这一点在高等教育中尤为重要。

以就业为导向的教学原则，强调教师在实际教学过程中应引导学生提前进行周密规划，以确保学生在高校学习期间能够顺利实现"零过渡"。为实现这一目标，高校应积极推动与本专业领域相关的社会企业展开深入合作，为学生提供丰富多样的实践机会，从而帮助他们有效掌握专业知识与理论，为日后顺利步入职场奠定坚实基础。

第四节　跨文化交际理论应用于外语教学的方法

一、进行显性与隐性文化教学

显性文化教学法是一种与语言教学相对独立、更为直接和系统化、以知识传递为核心的教学方法。这种方法对于培养学生的跨文化意识尤为有效。对于大多数中国学生而言，由于他们在全汉语的环境中学习外语，显性文化教学策略相较于在课堂学习中自然吸收异文化知识，更为节约时间且效率更高。显性教学法通过明确直接的方式介绍外国文化，有助于减少学生因不熟悉异文化而感到的困惑，同时也为培养跨文化交际能力打下了坚实的基础。

显性文化教学法的应用主要有两种模式：其一，在语言课程外，设立专项文化课程，如"英美概况""英美文化""跨文化交际"等，旨在系统传授外语国家的历史脉络、地理布局、政治制度架构、教育体系构成、日常生活方式、社交习俗及礼仪规范等具体文化知识。其二，主张在语言教学过程中，结合阅读或听力材料，巧妙地将文化元素融入其中，虽然此类融合可能缺乏高度的系统性，但其优点在于能够紧密联结文化学习与语言学习，使两者相辅相成。

与显性文化教学法相对的是隐性文化教学法，这也是一种重要的文化教学方法。随着教学理念和方法的不断革新，外语教学与文化教学逐渐实现了自然的融合。在这种融合中，教学不再直接传授文化知识，而是让学生在真实的交际情景中，通过使用语言来达到交际目的，自然地吸收目的语文化，体现了"在做中学"的理念。隐性文化教学法是通过语言学习过程，以较为间接和分散的方式，重点培养学生的行为和交际能力。

二、组织课外文化活动

课外文化活动的多样性为学生提供了丰富的学习和体验机会。以下是一些常见的活动形式。

（一）关注大众传媒

大众传媒是文化传承的重要载体，包括广播、电视、报纸、杂志、书籍和互联网等。它们以其快速的传播速度和广泛的覆盖面，让我们能够及时获取全球最新动态，感受不同文化的多样性。教师可以利用这些媒介，围绕特定的文化议题，激发学生的思考和讨论，帮助他们深入理解文化现象，拓宽国际视野。

（二）开展外语专题性活动

外语专题性活动是促进学生语言能力全面发展的有效手段。这类活动不仅能够提升学生的阅读理解、写作表达和口语交流技能，还能增强他们将语言知识应用于实际情境的能力。

在策划和组织外语专题性活动时，教师需要考虑以下要素。

（1）学生的语言能力：活动难度应与学生的外语水平相匹配，确保学生能够在自己能力范围内得到挑战和提升。

（2）学生的生活经验：结合学生的生活背景和经验，使活动内容更加贴近学生的实际，增强参与感。

（3）学校资源和学生需求：考虑学校的教学资源和学生的特定需求，设计符合实际情况的活动方案。

（4）活动形式的多样性：根据活动主题和目标，灵活选择个人或小组合作的形式，以适应不同学习风格和目标。

（三）组织文艺会演活动

外语文艺会演是一种多元化的活动形式，对学生的外语学习具有显著的促进作用，具体表现在以下几个关键点。

（1）准备过程的隐性学习：在外语文艺会演的准备阶段，参与者需要进行剧本学习、角色练习和表演准备等，这些活动在不知不觉中锻炼和提高了学生的语言运用能力。

（2）节目内容与学习水平的契合：会演的节目内容往往与学生的外语水平相匹配或略高于他们的实际水平，这样的挑战性内容不仅巩固了学生的已有知识，还促进了他们对语言更深层次的理解。

（3）轻松愉悦的体验：外语文艺会演通常在轻松愉快的氛围中进行，这种趣味性强的体验有助于学生真切地感受到外语在实际生活中的应用，从而有效提升他们对外语学习的兴趣和热情。

（4）展示与自信的培养：参与外语文艺会演为学生提供了展示自己才华的平台，这不仅是听说技能的实践机会，也让学生在表演中建立起宝贵的自信心。

（四）组织英文歌曲演唱

英文歌曲演唱作为一种常见的课外文化活动，具有显著的教育价值。教师应积极倡导并鼓励学生加入英文歌唱小组，通过学习并演唱英文歌曲，不仅可以满足学生的心理需求，还能够有效促进他们听力技能的提升。同时，教师可将英文歌唱小组活动与英文歌唱比赛相结合，并设立成绩评定机制，依据成绩进行排序，以此增强学生的成就感，同时强化他们的集体荣誉感，进一步培养团队协作精神。在选择英文歌曲时，教师应持以严谨、审慎的态度，具体需考虑以下几个方面。

（1）注重内容的趣味性。教师应选择内容生动有趣的英文歌曲，以激发学生的参与热情，让他们在享受音乐的同时学习英语。

（2）保证语言的真实性。确保歌曲中使用的英语语言真实、自然，让学生在接近母语环境的语境中学习地道的英语表达。

（3）保证语言的可操作性。选择语言规范、易于理解的歌曲，避免使用含有方言、俚语等可能给学生带来理解困难的语言现象。

（4）注意难度的层次性。根据学生的不同英语水平和听力能力，有针对性地为不同水平的学生或小组选择合适难度的英文歌曲，确保每个学生都能在适合自己的水平上得到提升。

（五）开展文化讲座

当前，高等教育机构正日益增多地举办各类文化讲座，旨在通过邀请文化领域的学者和专家来分享知识，激发学生对文化知识的兴趣，并促进其文化素养的提升。这些讲座通常具有明确的主题，论点充分且具有深度和广度。通过参与这些讲座，学生们能够迅速掌握英美等国家的文化背景知识。此外，在讲座过程中，演讲者与听众之间的互动也是不可或缺的一部分。学生可以就文化相关的疑问或观点与演讲者进行深入交流，这不仅有助于锻炼他们的思维能力，也有助于深化对文化的理解。

三、借助信息技术辅助教学

教师在文化教学中，要利用网络多媒体技术的独特优势，将其融入英语教学中。具体而言，针对外语文化教学，应在网络多媒体技术的辅助下，采取以下策略。

（一）务实手段，创设跨文化交际基础

在现代教育领域中，网络多媒体技术作为一种工具，通过其有效应用，全面优化了教学资源、教学过程和教学效果。网络多媒体技术是创建沉浸式学习环境的首选途径，它通过整合声音、动画、图像和色彩等多种元素，显著提升了教学内容的生动性和直观性。这种教学方式有助于学生更真切地感知和体验所学语言国家的社会、经济和文化背景。

在网络多媒体的教学环境中，学生们展现出更高的参与度和积极性，参与各种技能训练。这不仅锻炼了他们分析问题的能力，还显著增强了他们的语言意识和跨文化交际能力。在外语文化教学中，教师可采用"课堂示教模式"，即实时播放外语教学模式。在此模式下，教师作为引导者，利用计算机软件和各种音频、视频等多媒体工具，向学生传递必要的知识内容。

（二）创设情境，营造跨文化氛围

语言的使用总是与特定的社会环境紧密相连。建构主义理论认为，人类是知识的积极构建者和探索者，知识的构建过程依赖于个体与环境的互动。情境的创设是意义建构的关键，尤其是那些接近真实生活的情境。教师应当营造一个信息丰富的环境，为学生提供真实且自然的语言学习情境和语言输入，以促进学生的语言学习。

网络多媒体技术的发展为建构主义学习理论的实施提供了理想的条件。这种技术以其传输量大、信息容量广、效率高等优势，在课堂教学中，使信息的展示方式更加多样化和丰富，从而在有限的时间内为学生提供更大量的

学习资源。这为学生提供了目的语文化输入的重要途径。

当学生处于真实的语言环境中，他们能够亲身体验目的语文化的魅力，享受新奇和乐趣，这有助于加深对目的语文化的理解和认知，激发他们学习目的语文化的热情和主动性。在愉快的学习过程中，学生的跨文化交际能力也得到了提升。

此外，教师可以鼓励学生参加诸如"暑假英语夏令营""语言学习示范中心"等活动，这些活动为学生提供了课堂之外的第二学习平台。通过这些实践活动，学生可以将课堂上学到的知识应用到实际中，创造丰富的外语体验环境，从而进一步提升他们的跨文化交际能力和外语实际应用能力。

（三）组织会话，展示学习成果

在外语文化教学中，会话是至关重要的组成部分，它促进了学习小组之间的互动和协商，帮助学生共同完成既定的学习任务。在会话的过程中，每个学生都能够分享自己的思维成果，通过集体智慧实现对学习任务意义的深入理解和建构。

教师可以采取小组形式，让学生展示他们的讨论成果。展示的形式多样，包括角色扮演、演讲、专题汇报、情境模仿和案例分析等。学生在准备展示时，可以利用提纲、PPT课件、录音材料等辅助工具来增强展示效果。通过这种展示，教师不仅能够评估学生对文化知识的掌握程度，还能根据展示结果调整教学策略，为下一阶段的学习任务做好准备。例如，在进行演讲时，教师可以要求小组成员共同参与，相互协作，针对教师提出的问题进行汇报。其他小组在听演讲的过程中，可以记录演讲的表现和存在的问题，演讲结束后进行讨论和解答。

这个过程不仅促进了全班学生知识面的拓展，还帮助他们对英美礼节、习俗和文化背景有了更全面和系统的了解。同时，通过这种互动学习，学生对课文内容的理解也会更加深刻。这种教学方法有效地提升了学生的跨文化交际能力和外语应用能力，为他们的外语学习打下了坚实的基础。

第五节 跨文化交际理论应用于外语教学的评价

一、文化知识的评价

文化知识评价旨在评估个体对于文化信息、模式、价值观念及文化差异的认知与理解能力。文化知识可细分为普遍文化知识与具体文化知识两大类。普遍文化知识，主要聚焦于文化学、社会学等领域的研究成果，要求外语学习者深入理解文化在社会、交际、民族及个人层面的作用。这些抽象的文化知识，经过文化学家和社会学家的系统研究，已形成完备的理论体系，因此在测试中相对易于操作，传统的笔试形式即可满足其需求。

相较于普通文化知识，其他类型的文化知识在外语教学中具有更为核心的地位，且因其复杂性而更需重视。宏观文化知识的测试与评价在外语教学中拥有悠久的传统。目的语文化的历史、地理、艺术等客观文化事实，一直是外语学习背景知识的核心组成部分，并在各类测试中广泛应用，特别是在英语专业综合水平考试中。宏观文化知识，亦称"被动文化知识"，与"主动文化知识"形成对比，因其侧重于帮助学生深入理解外国文化，但在实际交际中并不直接发挥作用。传统的填空、选择、判断、名词解释及问答题等笔试题型，足以满足这类文化知识的测试需求。

具体到文化知识的微观层面，则是外语教学的重中之重，因其直接影响人们的语言与非语言交际行为，属于"主动文化知识"的范畴。这一层面的文化知识内容丰富且难以把握，既有易于观察的生活习惯，也有难以捉摸的价值观念，因此其测试与评价工作显得尤为复杂和艰巨。尽管如此，鉴于传统笔试的高效性和易评分性，具体文化知识的测试和评价仍采用选择、判断、问答等传统形式。然而，鉴于这些文化因素通常在特定的交际场合中发挥作用，并与语言及非语言交际行为紧密相连，对于此类主动文化知识的测试通常采用情景化的题目设置方式，即将测试任务置于具体的交际语境中，使学习者在回答问题时能将文化知识与实际交际场合的需求相结合，展示其所掌握的生动、主动的文化知识。

与情感态度和行为技能层面相较，文化知识的测试相对较为简单。关键在于对文化教学大纲中明确的文化知识教学内容进行详尽的分析，细化成具体的测试项目。随后，根据所测文化知识的特性确定测试形式，确保测试能够精准评估学生对文化知识的掌握程度。

二、情感态度的评价

在跨文化交际能力的培养中，情感态度扮演着至关重要的角色。若学习者仅局限于文化知识的积累，而未能同步发展其情感与态度，那么跨文化交际能力的提升便无从谈起。在测试与评价领域，由于情感态度涉及个人心理与情感层面，其被视为文化学习测试与评价中最具挑战性的维度。学术界对情感态度的测试研究始终未间断，从早期的社会距离等级法、陈述判断法、语义级差法，到现今的跨文化发展模式，均代表了该领域测试与评价研究的显著成果。

社会距离等级法作为一种衡量个体对外国文化反应的手段，通过评估答题者与外国文化群体间的距离感，以反映其文化态度。答题者需基于不同情境，表达其对来自特定外国文化群体成员的接受程度，该接受程度被细分为七个等级，包括：①愿与之缔结婚姻；②愿与之建立深厚友谊；③愿成为邻里；④愿成为工作同事；⑤愿在同一个城市共同生活；⑥愿接纳其本国旅游；⑦拒绝其进入本国。这一文化态度测试方法历经优化，至今仍广泛应用于实践之中。

除传统的笔试形式外，学习者的文化情感态度亦可通过观察其在跨文化交际中的实际表现进行评估。在此情境下，情感态度与交际行为紧密相连，为确保对态度和技能进行精准评价，须构建一套详尽、可靠的评价指标与标准。

综上所述，尽管情感态度在文化学习中较为难以捕捉，但通过上述多样化方法，我们得以在一定程度上对学习者的情感态度进行测试与评价。这些方法不仅有助于我们了解学习者对特定文化群体的情感态度，更为跨文化交际能力的培养提供了宝贵的参考依据。

三、文化行为的评价

文化行为是指在人际交往过程中，由文化背景影响所展现的行为特征，这些特征可通过语言或非语言形式呈现。对于文化行为的评估，尽管传统的笔试方式，如选择题、判断题和问答题等，仍占有一席之地，但更为直接、真实的评价手段是通过观察个体在真实场景下的行为表现。笔试形式的文化行为测试虽具有设计上的灵活性，通过情境描述和模拟任务设计题型，然而，其本质仍是一种间接的评价手段，其真实性和有效性存在局限。

行为表现评价法，作为一种重要的评价工具，在人力资源管理和管理学研究中均占据重要地位。随着外语教学研究的发展，特别是自20世纪90年代以来，基于行为主义学习理论的传统测试方法已无法满足交际能力培养的需求，因此，基于建构主义学习理论的行为表现评价法逐渐成为外语教学研究的新趋势，并受到广泛关注。

行为表现评价法旨在评估学习者在运用知识解决问题和分析问题方面的能力。其核心理念在于，通过实际展示来评估一个人的能力。例如，一个人可能拥有丰富的游泳知识，但这并不足以证明其游泳能力，唯有通过实际游泳表现，才能真实评估其游泳技能。当前，众多企业和项目组在人才选拔中均采用了此方法，如教师试讲、新员工试用期等。

在外语教学中，行为表现评价法相较于传统测试手段，更具直接性和真实性，更能反映学习者的语言应用能力。外语学习的核心不仅在于掌握语言知识，更在于提升交际能力。虽然传统测试手段在语言知识测试方面表现出色，但行为表现评价法更能真实评估学习者的外语交际能力，并对课程设计和课堂教学产生积极的指导作用。

行为表现评价法包含任务布置、学生反应形式和评分体系三个主要部分。其实施通常包括确定评价内容和目的、设计真实任务、明确所需知识和技能、确定评判标准和等级定义、介绍评价相关信息、观察学生表现并对照评判标准定级、反馈评定结果等步骤。其中，制定合理的、客观的、易于操作的评分系统是该评价法中的关键和难点。由于行为表现评价法采用主观的整体评分法，因此制定详细的评分说明是确保评价信度、效度和公正性的重要措施。

尽管行为表现评价法在评价文化行为方面具有显著优势，但亦存在效率相对较低、评分客观性较差等弊端。因此，在评价文化行为时，应综合考虑传统测试方法与行为表现评价法的优势与不足，实现两者的有效结合与互补。

四、作品集文化学习评价法

真实性和可靠性是评估和测试过程中不可或缺的两个基本原则。真实性确保测试内容和形式能够准确反映教学目标，而一个高真实性的测试和评价应该全面覆盖所有需要评估的内容，并且其方法和形式能够真实地反映被测试者所掌握的知识和能力。可靠性则关注测试和评价结果的稳定性和一致性，要求测试工具在不同时间、不同地点使用时能够产生一致的结果，通常通过数据来体现。

真实性和可靠性的原则为文化测试和评价手段的设计和使用提供了重要的指导。接下来，我们将从这两个角度分析一种综合性的文化测试和评价方法：作品集文化学习评价法。

作品集文化学习评价法是一种形成性评价方法，对文化教学具有显著的优势，因为它为文化教学的测试和评价提供了新的视角和思路。在外语教学中，实施文化能力的作品集评价方法，可以将评价活动分为学期开始、学期期间和学期结束三个阶段，并据此来具体操作。

（1）学期开始：教师与学生共同确定作品集的内容、形式、评价标准和时间安排。这一阶段是确立评价框架和目标的关键时期，确保学生对评价标准有清晰的认识。

（2）学期期间：学生根据计划完成各项任务，教师提供必要的指导，并通过面谈了解学生的进展情况，解答他们的问题。这一阶段是形成性评价的核心，教师的反馈对学生的进步至关重要。

（3）学期结束：教师发放评价表，首先让学生进行自我评价，然后学生之间交换作品集进行互评。最后，教师根据评价标准对学生的作品集进行最终评价。这一阶段是评价过程的总结，旨在通过多角度的评价帮助学生认识到自己的优势和需要改进的地方。

下面对上述步骤进行具体说明。

（一）确定作品集的内容

作品集作为评价工具，其核心在于捕捉和展示学生在特定教学阶段的学习和成长过程。在大学阶段的外语教学中，由于教学重点通常集中在文化内容上，教学目的涵盖了文化知识、文化意识以及跨文化交际能力等多个方面。因此，用于评价的作品集应当全面反映学生为达成这些教学目的所做出的努力、完成的学习任务以及知识和能力的提升情况。作品集的内容构成，主要依据于当前阶段设定的教学目标、教学内容以及师生双方的共同期望等因素。

（二）确定作品的形式

展示学生学习过程和成果的方法多种多样，不仅限于传统的标准化测试。其他有效的展示形式包括调研报告、学习日记、学习档案袋、成果展示会以及团队合作项目等。这些形式可以是口头陈述或书面文档，可以是实体作品或多媒体资料；它们可以记录一段时间的学习历程，也可以反映某一时刻的学习状态；可以是探索性或实验性的项目，也可以是对学习内容的描述性总结。

不同的评价内容需要选择相应的评价方式。例如，评估学生的跨文化交际能力时，观察描写法和角色扮演法是尤其合适的方法。这些方法能够更直观地展示学生在特定文化情境下的语言运用和交际技巧。

此外，选择作品的形式也受到教师和学生对各种评价方法熟悉程度的影响。教师应提供必要的指导和培训，帮助学生掌握并运用多样化的评价形式。通过这种方式，教师可以更全面地了解学生的学习情况，同时鼓励学生发挥创造力，以自己最擅长的方式展示所学知识和技能。

（三）确定评价标准

标准化测试因其统一的评分尺度和易于量化的特点，提供了一种明确且易于操作的评价方式。然而，与之相比，其他非定量的评价方法可能更依赖主观判断，从而在可靠性方面面临挑战。尽管存在这一挑战，随着对写作、口语等非标准化测试领域的深入研究，已经发展出一系列旨在增强这些评价形式可靠性的标准。

这些评价标准通常涉及对评价维度（如知识掌握、技能运用、态度表现等）的具体描述，并根据表现的不同水平划分为多个等级，常见的划分包括优秀、良好、一般、较差等，这些等级可以进一步细化以适应不同的评价需求。在实际评价过程中，评价者可以根据这些标准对作品或行为进行定位和评价。

为了保证评价的可靠性，非标准化评价常常采用多位教师共同参与的方式，以减少单一评价者的主观偏差，提高评价的一致性和公正性。在文化能力的作品集评价中，确立具体明确的评价标准至关重要，这不仅有助于提升评价的科学性、公平性和客观性，而且还能为教师和学生提供清晰的教学和学习目标。

（四）确定时间计划

与传统外语评价方式相异，作品集学习评价法贯穿整个学期，涵盖多样化的内容与形式。为确保评价过程的顺利进行，教师在学期伊始即应引导学生确立整体计划。学生在与教师共同明确各个项目的标准、形式及时间安排的过程中，自然而然地成为学习评价的积极参与者。此举使学生清晰了解自身学习任务，并且由于他们已事先参与计划的制定，因此在执行过程中表现出更高的自主性和积极性。

（五）学生按照计划逐一完成学习任务

在学术与教育的框架内，我们认识到部分评价项目和学习任务需于课外环境中完成，这包括调查研究、社会实践以及学习日记的撰写等。同时，也存在一些活动，如演讲介绍和测试等，需在课堂上进行。对于所有这些活动，我们强调必须严格遵循预设的时间规划，确保每一项活动都能有序、准时地推进。

（六）教师对学生进行指导

尽管评价内容、形式、标准以及时间规划等均已明确界定，然而，教师在整个过程中仍需扮演至关重要的角色，而非完全放任学生独立操作。鉴于每项评价项目均涉及外语知识与技能的关键要点，教师有责任教导并指导学生深入理解每项学习任务的核心目标及其重要性，并对评价标准进行再次强调。此举旨在确保学生能够准确把握信息化时代背景下外语学习的核心要素，熟练掌握外语学习的技巧与方法，从而顺利完成学习任务，更有效地达成外语教学的既定目标。

（七）教师与学生面谈，了解项目进展情况，解答学生的问题

教师和学生之间的一对一交流，作为一种教学方法，其有效性显著，且完全符合因材施教的教学原则。在与学生进行单独交流时，学生往往能够自由地表达自己的学习感受与遇到的困难，从而与教师建立起更为深入的沟通。同时，教师也能通过此类交流深入了解学生的学习状况，针对其不足给予指导，并对学生的疑问进行解答。这种交流模式极大地促进了师生之间的情感联系，使学生对教师产生深厚的信任与亲切感。

鉴于我们采用作品集评价法，学生的最终成绩是基于整个学期内各项学习任务的完成情况来评定的。因此，若教师在学期过程中能与学生进行数次

关于学习进展及评价项目的深入交流，及时给予学生必要的鼓励与帮助，那么学生的学业成绩相较于缺乏此类关怀与鼓励的情况，往往会有更为优异的表现。这无疑是师生双方共同努力、积极配合的积极结果。

（八）将评价表发给学生，让他们自评

学期结束之际，学生们已经完成了所有学习任务，并将其成果汇总在作品集之中。此时，教师应向学生分发评价表，鼓励他们基于自己的学习经历和任务完成情况进行自我评价。此举不仅有助于学生回顾过往学习经历与取得的成绩，进行深入反思，也有助于学生自我发现存在的不足之处，进而明确未来努力的方向，以期取得更进一步的学业进展。

（九）学生交换作品集，进行互评

在信息化时代背景下，高校外语教学越来越重视学生之间的互动学习和合作。借助网络平台，学生们得以深入阅读和学习其他同伴的作品集，这不仅使学生们能够全面了解他人的学习进展和所取得的成就，也为他们提供了一个反思自身不足、汲取他人优点、实现自我提升的机会。通过这种方式，学生们能够在相互学习、取长补短的过程中不断进步。

在对学生作品集进行评价的过程中，学生将不可避免地审视并斟酌评价标准，以确保给出的成绩既公正又客观。这一过程不仅是对作品质量的衡量，也为学生提供了再学习的宝贵机会。

（十）教师对作品集进行终评

在整个学期的教学过程中，教师持续地对学生的文化学习进展进行细致的评价。每一次作业、每一项学习活动的完成，都会得到教师的审阅和反馈。学期结束时的评价是一个将学期中所有评价内容进行汇总和综合分析的过程。在这个过程中，教师会参考学生自我评价和同伴评价的结果，以此为基础来确定学生的最终成绩。

　　综合来看，作品集评价法是一种全面且富有人性化的评价方式，它与现代教育中以学习者为中心、建构主义学习理论为指导的理念相契合。这种方法在文化学习评价中尤为重要，它不仅适合对文化态度、知识和行为进行综合性的评估，而且能够适应文化教学在不同阶段的需要，为学生提供一个展示自己学习成果和进步的平台。通过这种方法，教师能够更全面地了解学生的学习情况，同时也鼓励学生进行自我反思和同伴之间的交流与合作。

第六章

跨文化交际理论应用于高校商务英语教学实践分析

　　商务英语作为专门用途英语的一个分支，不仅包含丰富的商务术语和语境，还涵盖深厚的商务文化元素。在当今经济全球化的背景下，商务英语的学习者旨在成为既精通国际商务规则，又对世界各地的民族文化有深刻理解的复合型人才。在国际商务活动中，跨越文化障碍和避免文化冲突对于确保商务活动的顺利进行至关重要。

　　因此，商务英语的教学不应仅仅局限于语言知识的传授，还必须融入商务文化的教学内容。将文化知识的教学与语言技能的培养同步进行，可以使学生在学习专业英语的同时，也能够培养出强烈的商务文化意识。这种综合教学方法有助于学生更全面地掌握商务英语，并在未来的国际商务环境中更加得心应手。本章就从跨文化交际理论的角度分析高校商务英语教学的实践。

第一节　高校商务英语教学的现状与指导思想

一、高校商务英语教学的现状

在当前全球化的商业环境中，中国对外开放的水平不断提高，对于能够适应国际商务环境的高端商务人才的需求日益增长。这些商务人才不仅要具备卓越的语言沟通能力，还应拥有国际化的视野和对不同文化深刻的洞察力。此外，复合型知识结构、良好的心理素质和诚信意识也是现代商务人才所必备的。

（一）学生的商务英语素养现状

1.商务词汇量匮乏

在商务英语阅读中，学生经常会遇到大量与经济、贸易和社交相关的专业术语。这些术语不仅数量繁多，而且一些常用词汇在商务英语的特定语境中可能具有完全不同的含义。此外，文本中还可能包含一些罕见的专业词汇，增加了阅读理解的难度。

由于专业词汇量的限制，许多学生倾向于将商务英语中的特殊表达按照常规意义来理解，这可能导致对阅读材料的误解或偏差。例如，单词"dumping"在一般英语中可能意味着"倾倒"，而在商务英语中则特指一种将商品以低于成本的价格在国外市场销售的行为，即"倾销"。

此外，面对难以理解的商务专业术语，一些学生可能会感到畏惧，这种心理障碍可能会削弱他们继续学习的动力，使他们在阅读时感到越来越困难和沮丧。

2.专业背景知识不足

即便在专业术语和其他生词的含义被明确提供的情况下，部分学生依然难以深入理解商务英语文章。出现这种问题的根本原因在于他们缺乏必要的商务专业知识。商务英语广泛涉及对外经贸、国际商法、经济学、金融学等多个学科领域，这要求学生不仅要有一定的语言能力，还应具备相关领域的基础知识。

许多学生在商务知识方面的基础相对薄弱，尤其是缺少实际的商务工作经验，这在他们进行商务英语阅读时构成了障碍。没有足够的商务知识作为支撑，商务英语阅读过程会显得异常艰难。

为了真正理解商务英语材料，学生需要对材料中涉及的专业知识、行业发展历程、最新动态以及未来趋势有一个全面而深入的了解。这种了解和把握对于学生准确把握文章内容至关重要。

3.阅读习惯和能力有待改进

学生在阅读习惯上存在一些普遍问题，例如倾向于低声诵读、默读、用指头指引阅读、逐字逐句地阅读、频繁回读，以及在阅读时下意识地将材料翻译成自己的母语。这些习惯在商务英语阅读中可能不太适用，因为商务英语阅读需要不同于普通英语阅读的策略和方法。

商务英语阅读要求学生不仅要理解语言的字面意义，还要把握文章的深层含义和专业背景。然而，许多学生在阅读理解上存在不足，他们过分关注语言点的分析，采用传统的自上而下的解读模式，专注于单词和语法点的逐个解读，而忽视了语境的重要性。这种方法可能导致学生对文章主题的理解不够清晰，缺乏对篇章结构整体性的把握。

（二）商务英语教学实践现状

商务英语作为专门用途英语的一个分支，其教学具有明显的专业性和应用性。学生们渴望通过学习这门语言来掌握商务领域的专业知识，这种需求推动了教学内容的双向发展。从教学内容的角度来看，阅读技能的培养和商务知识的传授构成了课堂教学的两个核心支柱。这两者在教学中都至关重要，难以区分主次，同时也存在融合上的挑战。商务英语阅读教学面临的难题是如何在体现语言教学特性的同时，也展示其商务领域的专业性。

尽管商务英语的教学目标明确，但在实际教学实践中，仍然存在诸多问题。

1.课程体系不合理

对于像商务英语这样的课程，理论课程和实践课程的设置比例是一个核心问题。我国对高技能、高技术人才的需求日益迫切，这也就使得实践课程的重要性越来越明显。然而，不可否认的是，我国商务英语课程普遍过于重视理论课程而轻视实践课程。课程设置当前主要侧重于语言知识的传授，而与商务专业紧密相关的课程开设相对不足，跨文化交际能力及人文素养方面的培养更是被忽视。商务英语人才所需的知识结构体系本应多元化，涵盖英语专业知识与技能、商务专业知识与技能、跨文化交际能力以及人文素养等多个方面。然而，当前商务英语课程中"语言"与"商务"之间的联系薄弱，这明显违背了商务英语学科的核心要求，无法体现其跨专业、跨学科的教育特色，更难以实现商务英语专业旨在培养具备英语语言与国际商务知识相结合的应用型、复合型人才的根本目标。因此，商务英语课程体系亟须以社会需求为导向，借助科学的设计原理对既有课程设置模式进行优化改进，以切实服务于高素质、高技能商务人才的培养。

2.教学方式不适应国际战略

林语堂先生曾经强调，语言学习的根本目的是服务于日常生活的人际沟通。传统英语教学重视语言结构的理解以及对文学作品的翻译，但这只是英语教学的一部分，应根据专业性质的不同而进行调整。接受传统英语教学的学生走出课堂、步入社会后，才发现口语交际能力甚弱，不知道还能用语言做什么。

尽管中国的高等教育机构在教学设施方面逐步实现了现代化，但仍有一些高校的课程软件未能跟上发展的步伐，现代化教学设备的潜力也未被完全挖掘，这在一定程度上影响了教学质量和效果。在教学方法上，一些教师尚未能有效地将传统教学与启发式教学相结合，课堂上教师主导的现象依然普遍，缺乏必要的师生互动。在商务英语教学中，适时融入情景式和研讨式教学方法，不仅能够激发学生的学习兴趣，还能实现知识与技能的愉悦学习。

在课程设置方面，商务英语教学往往过分集中于专业知识的学习和实践操作，而对学生的外语应用能力、对国际市场规则的理解、风险规避能力以及跨文化洞察力的培养关注不足。这些能力的培养对于学生未来在全球化商务环境中的竞争力至关重要。

3.教学内容涉及的商务层面不多

在当前快速变化的国际商务环境中，业务范围、种类与方式正在经历着前所未有的变革，且这种变化趋势日益复杂化。如果商务英语教学不能紧跟时代的步伐，不融入大数据时代的信息技术，不与国家战略平台进行深入对接，就可能导致教学内容偏重理论而忽视了商务实践的重要性。这种失衡可能造成高校国际经济与贸易专业的学生虽然掌握了一定的理论知识，但在实际操作能力、创新思维以及运用语言解决实际问题的能力方面存在不足。

4.教育视野缺乏前瞻性

当前，高校商务专业的教学内容和教材在知识结构上存在一定的局限性，更新速度跟不上商务实践的快速发展，缺乏针对性和实用性。学生所使用的教学材料往往没有涵盖不同国家的文化特色，这限制了学生对国际商务多元文化环境的理解和体验，影响了他们全球化视野的培养。

由于教学内容的局限性，学生难以获得深入了解不同国家商业环境和文化的机会，这不仅限制了他们对国际商务实际运作的理解，也难以满足国家对于具备国际视野和跨文化交流能力的商务人才的迫切需求。这种情况导致许多国际经济与贸易专业的毕业生在面对快速变化的国际商务环境时，缺乏必要的风险意识和应对策略。

此外，现有的教学模式往往使得学生的能力局限于处理一些常规的商务工作，如单证处理、业务执行、外销以及外贸管理等，而社会对商务人才的需求已经超越了这些基本职能，更加注重战略规划、国际市场分析、创新思维和领导能力。

二、高校商务英语教学的指导思想

（一）生本教育思想

生本教育主张教学应该以学生为中心，应该以提升学生的生命价值作为根本。自从提出这一教育思想，学术界就对其进行了分析和探讨，并引起了社会的重视。在深入探讨生本教育思想在商务英语教学中的实际效用之际，我们首先对生本教育的理论根源进行了系统分析。通过这一过程，我们旨在从以教师为本的传统教学理念中汲取经验教训，以期在商务英语教学中真正实现生本教育理念的贯彻与应用。

1.生本教育理念的提出

生本思想就是以学生为中心的思想，最早提出这一理念的是著名学者皮亚杰（Jean Piaget），他在阐述儿童中心论的观点时指出，学生是在认知过程中参与学习的主体。在皮亚杰看来，教育的根本目的并不是丰富儿童的知识，而是为儿童创造充满智慧的环境，让他们能够主动探索、主动求知。因此，在教育中应该发挥学生的主体作用，不能强行将知识灌输给学生，而是让他们对学习产生兴趣，促使他们乐于学习、愿意学习，并主动解决学习中遇到的问题。

2.生本教育思想的核心内涵

生本教育思想聚焦于学生本位，因此，在教育实践中，我们必须充分关注学生的目标、需求、个性化能力、兴趣所在、学习动机以及学习风格等因素，从而有效激发学生的主观能动性，使他们能够明确目标地学习并灵活运用语言。在此过程中，教师应扮演组织者的角色，致力于培养学生运用语言的能力，并通过科学的教学策略，激发学生的语言学习热情，促进他们主动、积极地参与学习过程。生本教育理念深刻体现了人本主义的核心思想，强调以学生为中心，促进学生的全面发展。人本主义教学法就是将学生的思想、情感与学习内容紧密结合，学生无论在语言层面还是在行为层面，都要全身心地投入。在商务英语教学过程中，教师应该从学生的情感需求出发，克服他们的内心障碍，提升学生对商务英语学习的自信心。

3.生本教育思想的理论基础

人本主义学习理论起源于20世纪60年代，代表人物包括埃里克森（E. Erikson）、马斯洛（A. Maslow）和罗杰斯（C. R. Rogers）。这一理论流派认为，教育的核心作用在于营造一个自由、安全且充满关怀的环境，以促进学习者发掘和实现其内在的优秀潜能。与精神分析学派和行为主义学派不同，人本主义学派更强调人的全面发展和自我实现，批判将人的心理简化为低级或动物性的行为。

商务英语教学具有其独特性，教学过程中始终以学习者为中心，体现人本主义教育理念。罗杰斯认为，激发学习者学习的关键不在于教师的专业知识或教学技巧，而在于教师与学习者之间建立的特定心理氛围。

在教学实践中，教师的个人魅力、性格和素质等都会对教学效果产生影响，这些影响因素往往超出了技术和设备的范畴。因此，教师需要在利用现代教育技术的基础上，发挥自己的潜力和优势，不断提升个人的知识水平和素质。教师不应仅仅满足于对技术的熟练操作，而应通过网络等现代手段与学生建立更深层次的联系，避免成为技术的附庸。

此外，基于人本主义学习理论，教师应注重学习的意义性和过程性，鼓励学习者在实践中学习，并掌握有效的学习方法。这有助于在学习过程中平衡学与做的关系，以及教师与学习者之间的互动，使学习体验更加丰富和有趣。通过这样的教学方法，可以更好地激发学习者的内在动机，促进他们的全面发展。

4.生本教育思想在高校商务英语教学中的运用

生本教育思想在英语教学中有着重要作用，在商务英语教学中也不例外。具体而言，生本教育思想在商务英语教学中的运用体现为如下几点。

（1）营造活泼的语言环境

学生普遍对刻板的讲课方式不感兴趣，甚至反感。课堂教学的使命不仅限于知识传递，更在于激发和培养学生的学习兴趣与积极性，尤其是在特定的学习环境中。因此，教师在设计课堂活动时，应致力于营造一个充满活力的语言学习氛围。

在选择教学话题时，教师应避免过分依赖书面材料或仅仅局限于教科书的内容。相反，应挑选那些紧跟潮流，富有趣味性、普遍性，并且与学生日常生活紧密相关的话题。通过运用多种教学策略，教师可以丰富课堂内容，提高课堂的互动性和趣味性，从而吸引学生的注意力，促进他们的思考和积极参与。

（2）实行小组活动

英国语言学家Brunfit指出，通过小组活动，学生与教师或者学生与学生之间展开讨论，从而激发自然的语言活动。通过开展小组活动，教师可以帮助学生消除紧张，愿意说出自己的问题和意见，更重要的是，学生有更多参与实践的机会。例如，教师可以根据学生的人数进行分组，让学生在组内进行每人3分钟畅所欲言。这样的小组活动能够加强学生之间的交流，并有效地运用课堂时间，让学生听得多、学得多。在传统课堂上，学生很害怕开头，因为怕说错，但是在小组交流中，学生会克服这种情绪，气氛也不会显得紧张，学生就有自信心学习和交流了。

（3）积极地投入师生互动

众所周知，师生之间的互动是课堂必不可少的部分，是实现教师教与学生学的重要步骤。在以学生为中心的商务英语课堂中，教师作为商务教学活动的设计者与组织者，也是学生学习的评判者。教师在组织学生进行商务英语语言训练时，要坚持平等原则，并且自己也参与到学生的活动中。

当学生展开讨论时，为了避免有的过于激烈、有的过于冷场，教师应该注意学生与学生的搭配，检查学生完成讨论的情况。更为重要的是，如果学生出现错误，教师应该注意纠正的方式。对于那些不影响交际的错误，要么不纠正，要么私下纠正；对于那些严重的错误，教师应该明确给予指导。

在师生互动的过程中，教师同样能够从多方面获得启发，这对于教师的专业成长具有深远的影响。此外，教师亦应精通课堂延伸活动的组织与实施，例如英语角和英语竞赛等，以促使学生将课堂知识有效应用于课外实践。生本教育理论不仅为商务英语的教学改革开辟了新的疆域，更为其提供了坚实的理论支撑。在实际教学中，应运用生本教育理念作为指导，为学生创造一个富有发展潜力的学习环境，以激发他们的学习潜能，发挥学习天性，并提升商务英语的实际运用能力。

（二）研究性教学思想

研究性教学的主旨在于精心培育学生的创新意识、研究意识及其能力，引导学生从课程内容、学科领域以及现实生活中选取特定专题进行深入研究。通过教学与研究的有机结合，此种教学模式鼓励学生展开探究性学习，激发他们的主动性和创造性。研究性学习的形成并非一蹴而就，它有着深厚的历史根基和清晰的发展脉络。以下，我们将深入探讨研究性教学的核心理念，并进一步分析其在商务英语教学实践中的具体应用。

1.研究性教学思想的概念

人类社会的发展历史就是不断学习的历史，在不断研究的过程中，人类逐渐减少了动物所具有的特征，迈入了文明社会。可见，研究是人的本能，更是人的一种自然生存状态。

作为一种比较新颖的教学思想，研究性教学需要教师引导学生充分发挥自己的主观能动性。马克思认为，人区别于动物的本质特征就是实践，这是人类社会发展的根本途径。人类实践的范围十分广泛，不仅包括对自然、社会的改造，更包括对人自身能力的改造。人类社会就是在研究过程中得以发展和进步的，通过研究人类才能发现和了解新的知识、事物，积累丰富的生活经验，提升自己的境界。

我国学者吴永军在自己所写的《新课程英语方式》中这样界定研究学习："研究性教学是指在教师的指导下，学生自主研究有关问题并获得相应知识、经验以及相关能力的学习。"[①]学生在教师的引导下，通过模仿科学工作者的行为和方式，亲自体验学习过程，进而积累知识。研究教学思想需要

---

① 吴永军.新课程学习方式[M].南京：南京师范大学出版社，2005：71.

学生在学习过程中充分发挥主观能动性，积极探索。该教学思想对学生的学习具有很大的促进作用。

研究性教学可以培养学生的创新精神、自主学习能力以及解决问题的意识和能力。通过研究性教学，学生可以实现自主学习，具备更强的分析问题的能力，并且在学习结束后可以对知识产生更加深刻的印象，巩固知识基础，学生的实践能力得到大幅提升，研究越深入，学生的实践能力也就越强。

2.研究性教学思想的特点

相关学者提出，所有的研究性教学都具有自主性、研究性等基本特点。研究性教学的过程与科研工作者的研究过程具有相似性。另外，研究性教学通常都是针对具体问题展开的，这是又一个共性。研究性教学的核心就是问题，持续不断出现的新问题是研究性教学得以展开的前提。

人类社会在发展过程中就是不断发现问题、提出问题、研究问题、解决问题，从而实现发展和进步。因此，在研究性教学的过程中，教师可以引导学生以问题作为核心，围绕发现问题、提出问题、分析问题、解决问题来完成自己的学习任务。在这一过程中，学生可以不自觉形成问题意识，具备怀疑、探索的心理状态。

在教学过程中，教师不能只是通过学生掌握的学习内容来衡量学生的学习状况，还应该根据学生在学习过程中发现了多少问题来衡量。事实上，研究性教学中的教师并不在意学生解决了多少问题，而关键在于学生能否发现问题，是否具有发现问题的能力，这反映了学生是否善于思考和具有不断提出新问题的能力。在发现问题的过程中，学生可以锻炼自己敏锐的洞察力。同时，解决问题可以增强学生学习的自信心、学习能动力，激发他们的学习热情，从而真正体验学习的乐趣。换言之，学生在心理上所产生的成就感、满足感比解决几个学习障碍更强烈。

研究性教学所设定的目标、研究过程、评价等难易程度是建立在学生不同特点基础上的。一般来说，学生所具有的能力水平应该与研究学习所针对的内容基本适应。例如，中学阶段的学生其知识水平以及学习能力相对较好，教师应该为他们设计一些难度稍微高点的研究问题。如此一来，学生在研究过程中会对问题产生浓厚的兴趣，可以有效激发他们的学习潜能。此外，针对同一个年级、同一个班级的学生，研究性教学的内容和要求也应该有所区别。因为研究性教学与传统教学方式不同，并不要求教学内容的一致性，这体现出研究型教学的个性特征。

3.研究性教学思想在高校商务英语教学中的运用

鉴于研究性教学的特点，当前应该积极开展研究性教学，以提升学生的创新能力。具体而言，研究性教学思想在商务英语教学中有如下表现。

（1）创新教学理念

研究性教学要求教师创新教学理念，转变教师角色。教师不仅是知识的传播者与课堂的主宰者，也是论题的参与者、课堂设计者，这就要求教师视野开阔，将知识与问题紧密结合，改变现有教材中答案式的平行叙述，通过某一知识点、重点难题来引导学生从多角度思考问题、解决问题。

在研究性教学的实施过程中，对教师的素质与专业知识提出了严格的要求。唯有将扎实的基础知识与创新性的探讨相融合，教师方能在教学过程中自如驾驭，更有效地为学生解答疑惑、提供指导。简而言之，在研究性教学中，师生对于问题的探讨与研究不仅应当被视作一种活动形式，更应提升至一种秉持的学术态度和深入思考的精神层面。教师需立足既有知识体系，深化教学的研究性内涵，对传统教学模式进行革新，以培养学生的创新精神和问题意识。

（2）优化教材体系

传统的英语教材通常采用纸质分册的形式，其内容涵盖的单词、课文和释义相对有限，且并未配备相应的音频、视频等多媒体资源。这种教材很难适应研究性学习的实际需求。因此，必须对教材进行改革，新型的教材需要配备相应的网络教学系统和电子系统，让教材具有生命力。

（3）改革教学方法

传统的"黑板+粉笔+书本"的教学模式已经不能适应当前英语教学发展的需要，研究性教学需要走出课堂，进入图书馆、多媒体实验室、数据库等领域。教学活动也不会是灌输式的教学，不再是仅仅讲授知识点，而是将自己某些研究课题引入教学之中，实现理论与实践的结合，也能引起学生对研究课题的理解和把握，总结科学研究的规律，更好地推动教学的发展。

教师在教学之前应该设计一些问题，启发学生思考，通过师生讨论、小组讨论等解决这些问题。在整个教学过程中，学生不是围绕书本展开学习，而是学习与课文相关的科学实验、时事报道、研究报告等；学生听到的也不是课文朗读，而是名人演讲、总统讲话等。

可见，研究性教学极大地丰富了课程教学形式，激发了学生的积极性和主动性，学生学习有了动力，教师的课堂也不再是灌输的课堂，而是师生互动的课堂，学生的学习也不是被动的学习，而是主动的学习。

（4）完善考核制度

研究性教学的意义在于全面培养高素质的英语人才，提升学生的创造性思维与能力。以往的考核主要以期末考试为主，但是这种考核并不适合研究性教学。这是因为，单一的考试题型固定、命题范围也非常有限，因此很难适应研究性教学的开放性思维。因此，研究性教学的考核应该是多层次、多途径的，主要评判的是学生的能力，可以采用的方式有实例分析、课堂讨论、文献综述、数据收集等。

（三）教学指导新思想

教学思想，是指对于人类独有的教学活动所持有的认知与理解，此种认知与理解通常通过特定方式得以表达。教学思想对教学实践有着重要的指导作用。教学思想有助于人们对教学现实有清晰的把握，使人们能够从教学思想出发展开实践教学；有助于人们对教学中的优缺点有清晰的认识，使教学工作更上一层楼；有助于人们对未来教学进行合理的预测，勾画出教学发展的蓝图。商务英语教学的新思路具体应该做到如下几点。

1.正确处理教语言知识、教商务专业知识、教中西方文化差异的关系

在探讨商务英语语言的学习与运用时，我们必须强调其深度关联于商务英语的专业知识体系，并充分考虑到中西方文化间的显著差异。确切地说，语言的学习、商务知识的掌握以及文化因素的考量，这三者构成了不可分割的有机整体。教师在传授商务英语知识的同时，还需要传授相关的商务知

识，并在学习中将中西方文化差异性融入进去。商务英语涵盖的课程很广，主要涉及的是商务领域的知识，因此商务英语应该建立在英语语言的基础上，依托于商务领域知识，从行业需求出发，将学生毕业后在公司从事的职业所需的商务知识作为主线来教学，同时融入相应的中西方文化，调动学生的学习积极性和主动性。

虽然商务英语强调专业知识的培养，但是也不能忽视语言的作用，因为语言有多种功能，是人类的主要表达形式。商务英语专业的学生致力于学习商务英语，旨在从事与商务紧密相关的职业。在贸易往来、职场交流及社交场合中，他们首先需应对的是口头沟通，随后则是商务文件的撰写与处理。因此，精通商务英语语言显得尤为重要，这是他们实现职业目标的关键技能之一。

2.正确处理教理论知识和教语言知识的关系

商务英语教学的核心目标是传授商务领域的专业知识，包括经济学基础、国际贸易流程、企业管理、人力资源管理、市场营销和物流等。然而，在传统的教学模式中，尽管课程设置为商务英语专业，教师的教学重心往往只停留在语言层面，课程结构也多以"语言+专业（汉语）"为主，这限制了语言与商务知识的深度融合。

为了解决这一问题，语言教学应为专业知识的掌握提供基础，同时与商务技能的培养需求相匹配，以促进商务英语语言技能的全面发展。在教授理论知识的同时，应提升学生的语言应用能力，确保在语言学习过程中对专业知识有深入的理解。简而言之，商务英语教学应实现语言知识与专业理论学习的有机结合。

3.准确定位培养模式

对于构建商务英语培养模式，需要树立两种观点，一种是"能力本位人才观"，一种是"零距离上岗质量观"。对商务英语专业人才的培养模式予以优化，通过定位培养模式，从工作岗位做出细分，对商务英语专业的学生展开教学。

有些专家还提出建立三维能力模式，即"宽、厚、活"，其中"宽"就是基础能力；"厚"是专业层面的能力；"活"是在岗位上的实践和适应能力。

这种三维教学模式强调学生不仅要掌握语言知识，还要具备商务知识，并能够将所学知识应用于实践。在语言技能方面，学生需要具备扎实的英语听力、口语、阅读、写作和翻译能力，以及出色的表达能力。在专业领域，教学应拓宽视野，加强基础，不断扩展和深化专业知识的教学。

通过语言技能课程，学生在学习语言的同时获得商务知识；而在商务专业知识的学习中，应加强语言技能的培养。此外，结合中西方文化差异，培养学生的实践技能，并将其应用于实际情境中。这种教学模式突出了"英语语言教学+商科知识教学+商务实践教学+人文素质教育教学"的复合型人才培养特色，体现了对未来岗位需求的适应性和灵活性。

为了适应社会劳动力市场的变化，专业课程和内容应在一定时期内进行调整，以增强毕业生的就业竞争力和职业选择能力。这种教学模式旨在培养具有国际视野、专业素养和实践能力的复合型人才，满足未来职场的需求。

第二节　高校商务英语教学的原则与路径

一、高校商务英语教学的原则

（一）基于语言教学而走向商务体系

商务英语教育融合了商务学科知识和语言技能的培养。在知识结构上，它要求学生对商务基础知识有深入的理解，包括商务概论、市场营销、人力资源管理、企业管理、物流以及国际贸易等。在能力培养方面，课程着重于提升学生的语言运用能力、商务实践技能和跨文化交流能力，同时注重塑造学生的社会责任、团队合作精神和道德品质。

商务英语教育首先是一种语言教育。它以词汇、语法和语篇教学为基础，确保学生在掌握专业知识的同时，语言学习不会成为障碍。这种教育模式将语言知识、交际技巧、文化背景和商务知识相结合，旨在找到培养语言能力和商务英语知识的最佳途径，使学生能够在商务环境中自如地沟通和交流。

商务英语的教学内容应以商务活动为中心，具有较强的实用性。在教学过程中，特别强调商务交流中的英汉双语能力。为了形成和发展综合语言运用能力，学习者需要通过持续的语言实践来提高。在模拟或真实商务环境中，通过大量的对话、阅读和写作等活动，学习者可以完成各种语言练习和交际任务，以达到学习目的。

（二）不可放弃人文素养的熏陶

商务英语教学作为一种高度综合的教育模式，其核心涵盖了广泛的人文学科知识。商务英语专业的毕业生在从事国际贸易等商业活动时，不可避免地涉及跨文化交际，这一过程中人文精神的展现至关重要。商务英语教育的目标旨在提升学生的社会责任感、团队合作精神和道德情操，这表明在培养商务英语人才时，必须重视对学生人文素养的培育。

人文素质，从广义上讲，是指一个人成为人才的内在精神品质；从狭义上理解，则主要聚焦于个人的文化素养和精神品质。其本质在于人类对自我认识的深入探索，始于对人性的自觉认知。良好的人文素质体现在崇高的理想、优秀的道德情操、健全的人格、对真理的不懈追求以及儒雅的风度等方面。培养人文素质意味着对人生意义与价值的深刻思考，旨在完善个体人格，使其成为兼具智慧与修养的优秀人才。

具体而言，人文素质的内涵涵盖以下四个方面。

（1）人文知识：包括政治、历史、哲学、文学、法律和道德等多个领域的知识体系。

（2）人文思想：具有强烈的民族性、个性和鲜明的意识形态特征，体现了人类思想的多样性和丰富性。

（3）人文方法：展现了人文思想的产生和发展过程，侧重于定性分析，强调个人体验，并与特定文化紧密相连。

（4）人文精神：体现了人类文化或文明的精髓，具体表现为民族精神与时代精神的融合。

人文科学作为守护人类精神家园的学科，为社会和世界提供了方向、目的和意义。与自然科学的科学理性、工具理性和分析式理性不同，人文科学的认识方式侧重于理解和审美式理性。从认识世界的角度来看，忽视人文科学就意味着放弃了世界的一半。因此，只有将自然科学、社会科学和人文科学相互结合，我们才能有效应对当今世界日益复杂和不确定的挑战。

二、高校商务英语教学的途径

（一）通过搭建实训平台培养实践能力

学生的实践操作能力是其就业竞争力的关键，高校应充分认识到这一点，并在培养过程中给予足够重视。高校需要强化学生的实践能力，通过优化校外实习和校内实训环节，改进实习实训的内容、模式和考核机制。特别要推广"产学研合作"的教育模式，根据学生的学习目标、动机和方向，有针对性地寻找合作伙伴，签订校企合作协议。

高校应主动与企业建立联系，吸引企业参与教学过程，鼓励学生到企业中去实践，全方位拓展企业在教学中的参与度，以充分调动学生的学习积极性。例如，可以将实习和实训基地设在从事国际业务的企业，让学生亲身体验国际商务的特点，通过实践深化对理论知识的理解。

此外，高校还应积极与外资企业或公司建立联系，采用"工学交替、半工半读"的教学模式，或与企业共同开发教学管理系统。通过这些方式，高校可以为国际商务专业的学生开辟新的合作办学途径，为他们提供培养国际商务人才所需的环境和条件。

（二）运用网络开展自主学习

随着计算机和网络技术的快速发展，现代信息技术正逐渐深入到商务英语教学中。这种新型的商务英语教学模式不仅注重教授基础的语言知识和技能，更强调培养学生的语言运用能力和自主学习的能力。

在当前信息化的社会背景下，商务英语专业的学生越来越多地参与到自主学习中。为了适应这一趋势，学生需要培养信息意识，掌握必要的信息知识，并提高信息技术与课程内容的整合能力。

通过使用多媒体商务英语应用训练系统，学生可以根据教师在课前上传到服务器上的学习计划，明确每个单元的学习重点。学生可以根据自己的实际情况，重点练习听力、口语以及商务英语中的关键应用技巧，实现语言在实际商务场景中的应用。此外，学生还可以利用系统进行语音、语调和语法方面的补充练习。

在自主学习过程中，如果遇到难题，学生可以通过多种方式寻求帮助。他们可以与同学进行讨论，向现场值班的助教提问，或者通过电子邮件与教师进行沟通。这种多元化的交流方式有助于学生更有效地解决问题，提高学习效率。

学生利用多媒体在线学习系统的软件功能进行以下训练。

（1）收看教学录像，提高听力。

（2）参与网络教育论坛讨论，加强对商务英语知识的理解。

（3）阅读相关文献，根据某一话题学习相关句型、各种习惯表达。

（4）模仿跟读、录音、回放，进行美式发音和英式发音的训练。

（5）浏览商务英语网站。

在此教学模式下，学生持续进行跟读、模仿与重复学习，旨在锤炼并提升其视听说技能，以及运用商务专业语言的能力。课后，学生之间亦将进行协作学习，共同完成多样化的互动活动，以此巩固并加深对所学知识的理解和掌握。

（三）充分利用教学评估

课程评估是一个系统地收集和分析数据的过程，旨在全面了解学生在各项技能上的表现和他们的成长潜力。它通常服务于两个主要目标：首先，为学生提供个性化的反馈，帮助他们认识到自己的优势和需要改进的地方；其次，为学校和社区提供有价值的信息，以便于更好地支持学生的学习和发展。课程评估的最终目标是通过评估活动促进学校、家长和社区之间的合作，共同促进学生的成长和进步。

在商务英语教学领域，课程评估的意义主要体现在以下几个方面。

1.从学生和教师的角度来看

从学生的角度来看，商务英语课程评估的意义主要体现在以下几个方面。

（1）商务英语课程评估为学生提供反馈信息，有利于学生及时调整自身的学习。

（2）商务英语课程的评估机制确保了学生学习进程的透明化。在此机制下，学生能够明确地识别出自身的优势与短板，从而有助于更加迅速、高效地纠正学习过程中的错误观念和假设，以提升学习效果。

（3）商务英语课程评估使学生真实地感受到了教师的关注，从而使师生之间的情感纽带更加牢固。

（4）商务英语课程的评估机制旨在使学生深刻认识到语言学习的渐进性和过程性。一旦学生充分认识到语言学习的这种特性，他们将能够更为主动地管理自己的学习过程，从而真正成为具备自主学习能力的个体。

从教师的角度来看，商务英语课程评估的意义主要体现在以下几个方面。

（1）通过评估的各个环节，教师能够更加深入地反思和研究自己的教学实践，从而为未来的教学理论探索和研究打下坚实的基础。

（2）教学评估为教师提供了关于教学效果的即时反馈，使教师能够根据学生的反馈和表现，及时调整教学计划和教学方法，以更好地满足学生的学习需求。

（3）评估使教师更加清晰地认识到教学是一个动态的、基于信息反馈的持续发展过程。这种认识有助于教师采用更加灵活和适应性强的教学策略。

（4）通过评估过程中的师生对话，教师可以更好地了解学生的想法和需求，从而建立起更加和谐和支持性的师生关系。这种关系的建立为更有效的教学活动提供了坚实的基础。

2.从功能角度来看

从功能的角度出发，商务英语课程评估的意义主要体现在以下几个关键方面。

（1）管理功能：评估作为一种价值判断的工具，通过不同层级之间的评价活动，如上级对下级的评价、组织对个人的评估，以及个人的自我评估，可以有效地监督和激励被评估对象认真履行职责，完成既定任务，并实现预定目标。这种管理功能是确保教育活动有序进行和质量控制的重要手段。

（2）促进发展功能：课程与教学评估具有诊断作用，能够识别教育教学过程中的优势和不足，并提供针对性的反馈。这些反馈对于改进教学方法、课程内容和学习环境至关重要，有助于推动学生、教师乃至整个学校教育体系的持续发展和进步。这一功能是当前教育评估理论与实践中特别强调的，因为它直接关系到教育质量和效果的提升。

（3）鉴定功能：评估能够对课程与教学的各个方面进行质量鉴定，确定其优秀程度。这不仅包括对课程和教学活动价值的认定，也包括对其是否符合既定教育标准和要求的衡量。通过这种鉴定，可以明确课程和教学的强项和弱点，为进一步的优化和改进提供依据。

三、高校商务英语教学的具体实施方法

随着商务英语教学的发展，逐渐形成了多种教学流派，也产生了多种教学方法，如任务法、交际法、情景法。

（一）任务教学法

任务教学法是一种以任务为教学核心的教育方法。这种学习方法将学习过程视为一系列与教学目标紧密相关的任务的集合，这些任务是教学的焦点和中心。任务型教学法的核心特征是将任务作为教学组织的基本单元，以任务大纲为基础，通过任务的完成来达成教学目标。简而言之，所有教学活动的核心均聚焦于既定的任务，并致力于实现该任务的目标，商务英语的教学同样遵循这一原则。

1.任务教学法的步骤

任务教学法是一种以任务为中心的教学模式，它将学习过程视为一系列与教学目标紧密相关的任务集合。在这种教学法中，任务不仅是教学的核心，也是组织教学活动的基础。任务型教学法的实施可以划分为三个连贯的阶段，每个阶段都承载着特定的教学目标和策略。

首先，在任务前阶段，教师致力于唤醒学生的现有知识，帮助他们构建语言框架和思维模式，同时确保他们掌握了完成即将到来任务所需的知识基础，以减轻随后学习阶段的负担。这一阶段包括任务准备和任务呈现两个子阶段，旨在为学生提供必要的背景信息和明确任务要求。

其次，任务中阶段是学生实际执行任务并习得语言技能的核心阶段。在此阶段，教师精心挑选难度适中的任务至关重要，以确保学生能够在挑战与能力之间找到平衡。任务的实施可以采取多种形式，如小组合作或结对练习，其中小组工作因其互动性而成为首选。教师在此阶段的角色是多方面的，他们需要为小组和个人任务设定清晰目标，提供适时指导，并以参与者的身份加入小组，以便更深入地了解学生的学习进展，确保任务的顺利完成。

最后，任务后阶段聚焦于任务的汇报和评价。任务完成后，教师引导学生小组代表汇报成果，这一过程不仅是对学生工作的认可，也是对他们表达和沟通能力的锻炼。教师在此阶段提供帮助和指导，确保汇报的流畅与准确，并在所有小组汇报完毕后，对学生的表现进行评价，指出亮点与改进空间，并评选出表现最佳的小组。这种评价不仅让学生感受到成就，也促使他们认识到自身的不足，学会客观地评价自己和他人，培养批判性思维和公正的评价能力。

2.任务教学法的优势

任务教学法是一种综合了多种教学法优势的教学模式，它能够与英语教学中的其他方法相辅相成。这种教学法具有以下几个显著优点。

（1）任务型教学强调学生在教师的引导下进行独立思考和积极参与，这有助于激发学生的积极性，培养他们自主学习英语的良好习惯。

（2）任务型教学的活动内容丰富多样，信息量大，有助于扩大学生的知识视野，使他们接触到更广泛的语言使用场景。

（3）任务型教学包括双人和小组活动，确保每个学生都有机会参与并完成自己的任务。这种面向全体学生的教学方法有利于全面提升学生的语言知识和能力，促进每个学生的发展。

（4）通过任务型教学，学生的想象力和创造性思维得到培养，鼓励他们发挥主体作用，主动探索和解决问题。

由于这些优点，任务教学法在当前的英语教学实践和研究中占据了重要地位，被认为是一种有效的教学策略，能够提高学生的英语语言能力，并培养他们的综合素养。

3.任务教学法在高校商务英语教学中的运用

鉴于高校商务英语课程具备专门用途英语的特点，其教学需求与通用英语课程的教学需求存在显著差异，这一特性也导致了任务教学法的具体实施流程和步骤在商务英语教学中呈现出独特性。以下是对任务教学法在高校商务英语教学中应用的具体分析。

（1）任务教学法在高校商务英语教学中的运用原则

商务英语教师需要了解商务英语教学的大纲，从实际运用出发，针对学生需要的语言内容来设计相关任务，但是要建立在课堂教学目标和内容的基础上。教师要制订相应的活动计划，根据学生的年龄、性格、兴趣、学习风格等来确定相关任务，选择任务的类型。另外，要定位教师与学生的角色，同时还要考虑活动组织形式、学生分组情况以及如何展开监测。也就是说，在整个过程中，教师应该对活动进展情况做到密切关注，给予相应的调整和指导。在商务英语教学中，任务教学法应该坚持如下几点原则。

第一，在教师设计任务时，务必确保为学生提供的语言信息真实且明确。语言的形式和情境应当与语言的实际功能和规律保持高度一致。为了使学生能够深入学习和体会语言，教师应当精心营造一个自然的语言环境，以促进学生的有效学习。

第二，设计任务时需要将语言形式与功能紧密结合，要让学生在对语言形式掌握的基础上提升自身语言功能的掌握能力。在任务完成的过程中，学生能够提取自身掌握的知识和技能，将这些知识与技能用于交际。但是教师应该考虑到学生语言运用的流畅性与完整性。

第三，活动的形式和类型应多种多样，不能局限于一种形式，否则会影响学生的学习积极性和兴趣。也就是说，任务应该做到有层次、有梯度，以适应不同水平的学生。在任务进行过程中，教师应该给予学生活动的空间，让学生自己在活动中得以自我完善。

第四，学生通过参与具体的语言任务来掌握语言知识，这些任务通常围绕特定的学习目标设计，要求学生执行特定的语言活动。通过这些活动，学生能够获得实际的语言使用经验，并在完成任务的过程中积累宝贵的学习体会。任务完成后，教师鼓励学生将他们的成果进行展示，这可以采取多种形式，包括口头报告或书面报告。

（2）任务教学法在高校商务英语教学中的运用过程

基于这些原则的指导，根据使用的教材情况，将课堂设计进一步细化成六大教学程序，具体分析如下。

第一，基础知识铺垫。基础知识是任务教学法的第一步，教师需要向学生传授每堂课基本的内容，然后再介绍一些与本堂课相关的知识与概念。

第二，前期任务导入。在基础知识的铺垫下，教师从本堂课的基本内容出发引入相关的日常话题，即将前期任务导入。

第三，学生自主学习。因为学生对导入的任务充满热情和兴趣，他们的积极性就会越高。在完成任务的过程中，学生们会积极寻求并收集相关资料，细致查找与任务相关的内容，并在必要时向教师寻求指导。学生自主学习的环节，系建立在以学生为中心的教育理念之上，旨在深化学生对商务知识的理解和掌握，为后续的分组讨论和学习活动奠定坚实基础。与此同时，教师的角色也发生了转变，不再是单纯的知识传授者，而是成为任务的设计者与学习的协作者。这种角色转变对于培养学生的自主学习意识具有积极的推动作用。

第四，实施分组学习与讨论。在学生掌握了专业术语和相关背景知识之后，他们将使用目标语言通过小组讨论、成对练习、角色扮演、辩论等多样化的形式来完成教师设计的任务。这样的活动安排使学生能够更加自信和熟练地运用语言。分组学习讨论的环节通过将班级分成小组来进行，确保每个学生都有机会参与交流，从而避免了过去只有少数优秀学生主导课堂的局面。鉴于学生英语水平的差异，教师在组织分组讨论时不应过分关注语言形式或语法错误，而应重视任务的实质内容，鼓励所有学生积极参与。在活动结束后，教师将对学生的表现进行评估，这不仅包括语言运用的准确性，还包括学生的参与度、创造性和合作精神。通过这种方式，分组学习讨论不仅提升了学生的语言能力，也培养了他们的沟通技巧和团队协作能力。

第五，真实语料点评。专门用途英语课程的教学显著特点在于其致力于为学生提供真实、贴近实际应用的语料，以确保学生能够在真实场景中有效运用所学知识。随着科技的发展，现在的语料是集音频、视频、图像、文字于一体。让学生对这些真实语料进行点评是任务教学法中最受欢迎的环节，通过点评，不仅能够让学生将理论与实践相结合，还有助于学生的分析与思考。同时，真实语料点评还可以让学生做到现学现用，让学生觉得知识很有用，可以用到以后的实践中，而不是与现实脱节的无用知识。

第六，书面汇报总结。在任务执行与完成的各个阶段，学生将拥有很多运用语言的契机，那么就不可避免会出现"中式英语"。虽然在进行分组讨论与真实语料点评的过程中，教师鼓励学生使用英语来讨论和点评，但是为了防止过于关注意义而阻碍语言形式的发展，教师有必要让学生提交一份书面汇报总结。设立这一环节的目的主要有两个方面：首先，可以帮助学生对所学知识进行梳理；其次，可以通过地道、规范的书面语来改善自己"中式英语"的情况，并逐渐过渡为标准英语。

（二）交际教学法

交际教学法起源于20世纪70年代的西欧共同体国家，也被称作"功能—意念法"或简称"功能法"。这种教学法以海姆斯、卡纳尔和斯温的理论为基础，其核心原则在于将学生置于教育活动的核心地位，强调教学过程中的交际性互动，以及教学内容、方法和环境的高度真实性。同时，该教学法着重于实践模拟的应用，以此提升教学效果。

1.交际教学法的步骤

在实施交际教学法时，小组活动是一种普遍且高效的教学手段。这种活动通过将学生分组，让他们在小组内部共同完成教师设定的任务，从而在实际交流中逐步提升沟通技巧。小组活动旨在增强学生的语言交际能力，为他们提供丰富的实践机会。具体的小组交际教学活动可以按照以下步骤进行。

（1）小组划分：首先，确定小组的规模，通常3至6人的小组成员数量被认为是理想的，这有助于促进成员间的直接交流。同时，考虑小组成员的语言能力，确保每个小组内的语言水平相对均衡，以便成员之间可以相互支持和学习。

（2）角色分配：教师为小组内成员分配角色，如组长和副组长，目的是确保小组活动的协调性和组织性。

（3）活动布置：设计具体的交际活动，确保活动主题和内容贴近大多数学生的实际生活，每个活动都应围绕一个恰当且有意义的主题进行。

（4）主题讨论：鼓励学生围绕给定主题进行开放性讨论，通过交流观点和想法，增进理解和认识。

（5）教师提问：教师通过提问来激发学生的参与热情，提问应从整体到细节逐步深入，并给予学生足够的思考时间，最后引导他们表达自己的观点和答案。

2.交际教学法的优势

交际教学法是一种重视语言交际功能同时关注语言结构功能的教学方法，具有以下优点。

（1）重视话语教学：交际教学法强调在真实对话中使用语言，以培养学生的交际能力。它基于功能语言，根据不同学生和不同交际场合的需求来安排教学内容。教师应创造真实的语言环境，激发学生的参与热情，鼓励他们积极、主动地使用语言。

（2）多样化的教学资源和手段：交际教学法提倡使用丰富的教学资源和方法，包括教科书、挂图、音频、视频、多媒体、电视和电影等，以增强教学的趣味性和实效性。

（3）关注语言流畅性：交际教学法注重语言的流畅性，不强求学生一开始就完美无缺。它允许学生在学习过程中犯错，并鼓励他们通过不断实践和纠正来逐步提高语言能力，最终能够准确、流畅地进行交际。

（4）包容母语和语法教学：交际教学法并不排斥使用母语、语法讲解或翻译等教学手段。这些方法可以作为辅助工具，帮助学生更好地理解和掌握目标语言的结构和用法。

3.交际教学法在高校商务英语教学中的运用

外语教学的主要任务在于精心培育具备跨文化交际能力的人才，当然商务英语教学也不例外，也需要建立在这一宗旨下。就某种意义而言，高校商务英语教学对于交际人才的要求更高，其主要是培养兼有语言与专业技能的复合型交际人才，这与当今外语教学的任务和要求相符。

当明确了高校商务英语教学任务和目标之后，下面就需要思考如何在教学原则、教学理论的指导下开展教学。如前所述，交际教学法是在当今社会对涉外交际人才需求的背景下产生并发展的，且交际教学法的核心就是培养学生的语言交际能力。因此，交际教学法可以作为指导商务英语教学的方法。具体而言，交际教学法在商务英语教学中的运用主要体现为如下几点。

（1）根据交际法教学原理，采用"分两步走"策略来组织、开展教学活动。

商务英语的核心特质在于其语言技能与商务知识的紧密融合。这一特性在客观上要求教育工作者在培养学生时，不仅要专注于提升他们的听、说、读、写、译等基础性语言技能，更需着重培养学生的商务知识，以确保其在商务环境中能够游刃有余。根据交际教学法的原理，语言学习不仅学习的是语言的系统成分，还学习的是如何运用语言，因此在商务英语教学中，教师可以采用"两步走"策略。

第一步是教师首先向学生讲解基本的商务知识，如一些商务概念、商务理论、专业词汇等，让学生对这些商务知识有基本的了解和把握。很明显，这一步是以教师为中心，教师需要对商务知识作详细阐述，因此要求教师不仅具备熟练的语言技能，还需要具备良好的商务专业素养。

第二步是教师组织学生并以学生为中心来开展教学活动，展开商务英语语言技能的培养和训练。商务英语具有很强的应用性，因此在组织商务英语课堂教学时，教师需要营造一种商务氛围，让学生的活动在商务氛围中展开，从而保证商务教学效果更佳。

可以看出，这两步是不可分割的，有着紧密的联系。第一步是第二步开展的必要条件和基础，第二步是第一步的归宿和目的。"分两步走"策略充分展现了交际教学法对商务英语教学的任务和要求，也使得语言技能与商务知识的紧密结合。

（2）根据交际教学法的特点，强化学生的商业文化意识，增强对商业文化的敏感性。

商务英语教育旨在培育专业人才，以应对国际商务交流的需求。鉴于此，教师在教学过程中必须重视文化元素对商务沟通的深远影响，特别是各种商业文化差异所带来的作用。一般而言，商务文化主要包含经营管理方法、经营理念、商业价值观、商业心理等。鉴于不同国家之间商务文化的显著差异性，我们在进行商务交际时，务必高度重视这些差异，以防范潜在的冲突，从而确保交际过程能够顺利进行，达到预期的商务目标。

例如，在经贸洽谈中，往往由于洽谈者的性格、行为举止、谈判方式等因素的影响而产生文化冲突。事实上，这些人的举止都是源于参照自己国家的价值观，如中国人在商务洽谈时习惯递上一支烟，这是一种表达友好和礼貌的方式，但是在西方国家尤其是欧美人，都反对吸烟，因此递烟是不礼貌的行为。因此，在商务谈判中，商务人员应该对他国的文化背景有所熟悉，对谈判一方的性格特点做到准确把握，从而占据谈判的主动地位。

（三）情景教学法

1.情景教学法的步骤

情景教学法，作为一种仿真型教学模式，旨在将教学内容与其中的场景、角色紧密结合，形成师生共同参与的互动体系。此法成功规避了传统教学方法的某些局限性，为学生英语学习开辟了新的可能性。经过实践验证，情景教学法不仅是对以讲授、问答、练习为主导的教学法的有益补充，而且显著促进了学生运用能力的提升，同时也对教师的教学质量产生了积极的推动作用。

情景教学法通过模拟真实情境来激发学生学习英语的兴趣和参与度。以下是实施情景教学法的具体步骤。

（1）课前准备：教师指导学生预习即将讲授的知识点，并提前提供将要模拟的案例资料，让学生有时间准备和思考。

（2）创设情景：设计并布置一个尽可能真实的场景，使学生一旦进入该环境，能够立即产生身临其境的感觉，快速融入角色。

（3）分配角色：为学生分配不同的角色，包括独白者和场景中所需的各种角色，确保每个学生都能参与到情景中。

（4）情景模拟：学生根据分配的角色和准备的案例，进行完整的情景再现，模拟实际的交流过程。

（5）模拟后的反馈：模拟结束后，教师对学生的表现进行评价，表扬学生表现出色的方面，并指出需要改进的地方。随后，引导学生共同讨论如何提高模拟的效果，鼓励他们反思和学习。

2.情景教学法的优势

在当前的商务英语教学中，情景教学法有着重大意义。

首先，情景教学法通过模拟真实商务场景，有效提升学生的学习兴趣和积极性。教师根据课程内容设计具体场景，让学生在模拟环境中进行实践，这不仅促进了学生的积极参与，还加深了他们对课程内容的理解和记忆。此外，教师可以通过设计富有趣味性和挑战性的话题，激发学生的想象力和创造力，进一步增强他们的参与热情。

其次，情景教学法强调学生的主体地位，将英语学习过程中的被动接受转变为主动探索。教师在设计教学情景时，应充分考虑学生的学习习惯和兴趣，实施以学生为中心的体验式学习。这种方法使学生能够在学习过程中主动思考和实践，培养他们的自主学习能力和主人翁意识。

最后，情景教学法通过模拟社会实践，帮助学生将理论知识应用于实际情境中。教学中的情景设计不仅是对教学内容的再现，更是对现实商务实践的模拟。通过参与情景模拟，学生能够体验社会角色，提炼实践经验，从而提高将理论应用于实践的能力。这种能力的提升对于学生未来的职业发展具有重要意义，为他们顺利就业和适应职场环境创造了有利条件。

3.情景教学法在高校商务英语教学中的运用

随着经济的快速发展，对高校商务英语人才的要求也不断提升，根据市场需求，很多高校开设商务英语专业，目的是让学生掌握扎实的语言基础，熟悉商务英语知识，掌握商务活动中必备的知识和技能，才能在各类经贸活动中做到游刃有余。在教学实践的具体执行过程中，我们常面临培养方案与用人单位实际工作任务及其所需技能、标准之间存在的明显脱节问题。针对此现象，我们不仅需要从宏观层面深入调研市场需求、加强校企合作，更需在微观层面着力提升教师的教学质量与水平。具体而言，应鼓励教师提前为学生开展针对性的岗前培训，使学生在校内的小群体环境中，预先锤炼自身的商务职业素养与专业技能，以确保其毕业后能更好地适应实际工作需求。

高校培养人才的直接目的是向社会输送生产、建设、服务、管理各个层面的人才，因此对高校商务英语学生的要求是毕业之后能够参加商务类的工作。在平时的教学中，教师应该创设真实的情境，这对于商务英语教学而言有着重要意义，具体来说可以从如下两点着手。

（1）学生角色扮演融入情景

角色扮演是一种教学活动，学生在模拟的工作环境中，扮演特定的角色，通过对话或叙述篇章来完成交流任务。在这个过程中，学生通过实际的互动来构建场景，并通过模拟演练来增强他们的沟通技巧。

角色扮演有助于培养学生的勇气，提高他们的自信心。它为学生提供了一个轻松的学习环境，使他们能够在没有压力的情况下理解和掌握商务英语知识。通过角色扮演，学生能够更自然地将情感表达与语言运用结合起来，使商务英语学习体验更加深刻和生动。

（2）多媒体教学创设直观情景

多媒体教学利用其多样化的展示形式，为传统教学增添了活力，有效克服了单一教学模式可能带来的单调性。它通过结合视觉和听觉元素，创造出沉浸式学习环境，使学生能够更深入地理解教学内容。多媒体教学通过提供丰富的情境和实例，为学生提供了更多的联想线索，这不仅增强了学习体验，还激发了学生的好奇心和参与度。随着经济交往的频繁，我国的商务活动面临着多重挑战。通过多媒体手段，教师可以了解商务发展的动向，从而为学生收集更多、更新颖的案例，以视频、图片的形式展现给学生，拓宽学生的视野。

第三节 商务文化对高校商务英语教学的意义

一、高校商务英语中的文化现象

不同民族和国家在价值观念上存在差异，这些差异在商务交往中体现为各自的风俗传统和礼仪习惯。以交换名片为例，不同文化背景下的做法各有特点。在美国，人们通常在会面结束时交换名片，而在日本，交换名片是相互介绍的一部分，且交换的顺序非常重要，通常地位较低的人先递出名片。在日本，地位较低的人会双手递上名片，并恭敬地审视地位较高者递来的名片，这被视为对对方的尊重。

在送礼习俗方面，不同国家和民族的规矩也不尽相同。在英国，如果客户邀请你共进晚餐，通常不需要携带礼物。即便想要带酒作为礼物，也应该事先询问主人的喜好，以确保礼物得体适宜。相反，在日本，受邀到他人家中用餐若不带礼物则被视为失礼，如果事先询问需要带什么礼物，可能会被认为是不礼貌的。

这些文化现象在商务英语教学和实际应用中非常普遍，了解并尊重这些差异对于国际商务交流的成功至关重要。商务英语的学习者需要对这些文化细节有所了解，以便在跨文化交流中展现出敏感度和适应性，从而促进商务关系的建立和发展。

二、高校商务英语教学中的语言文化因素

（一）词汇中的文化因素

在英汉两种民族文化中，一些词汇虽然表面上看似对应，但实际上在文化内涵和联想方面存在差异。例如，英语中的"smuggled goods"和汉语中的"水货"都可以用来指代"走私品"，但在汉语文化中，"水货"还带有额外的含义，它可能指代"质量差且没有保障的商品"，有时还用来形容"外表华丽但缺乏真才实学的人"。

此外，英汉商务词汇体系中各自蕴含着丰富的文化语汇。在英语中，某些词汇具有特定的文化含义，而它们的汉语对应词可能并不具备相同的文化内涵。例如，"white elephant"在英语中用来形容"庞大而无用的物品"或"废物"，而汉语中的"白象"通常象征着珍贵和稀有，有时甚至与财富和好运联系在一起，因此有些商家会以"白象"命名，以示吉祥和珍贵。

另一个例子是"cash crops"，在英语中指的是"经济作物"或"现金作物"，意指那些种植后可以迅速变现的作物。而在汉语中，并没有直接表达"金钱作物"概念的词汇。

（二）语用中的文化因素

文化差异在语言的语用层面尤为显著，特别是在商务英语这一专业领域中，其独特的语用文化表现得淋漓尽致。在商务英语书信往来中，对于称呼和结束语的选择尤为讲究，这反映了不同的商务礼仪和文化预期。

具体来说，写信人在书信中应根据与收信人的关系和所要传达的正式程度，选择相应的称呼和结束语。例如，若使用较为正式的称呼（如"Dear Mr. Smith"或"Dear Mrs. Wang"），则应搭配正式的结束语，如英式用法中的"Yours faithfully"或美式用法中的"Sincerely yours"。这样的搭配传递出一种专业和尊重的态度。

相反，如果称呼较为亲切，如直接使用对方的名字（例如"Dear John"），则应选择更为随和的结束语，如英式用法中的"Cordially"或"Best regards"。这种用法适合于较为熟络或非正式的商务关系，能够营造出友好而亲近的氛围。

（三）语法系统中的文化因素

商务英语是一种正式的书面语言风格，其在商务信函写作中表现出独特的语言特征。商务英语信函偏好使用专业和半专业的术语，例如"clean bill of lading"（清洁提单）和"forward take the liberty of writing"（冒昧致信），这些术语在商务环境中具有特定的含义和用途。

此外，商务英语信函中也常见名词化短语和介词短语的应用，例如使用名词短语来描述产品特性："our blanket is a perfect combination of warmth, softness, and easy care"（我们的毯子是温暖、柔软和易于护理的完美结合）。这种表达方式能够以一种简洁而专业的方式传达信息。

特别值得一提的是，商务英语倾向于使用复合句和长句来构建复杂的逻辑关系和详细的信息表述。这种句式结构有助于清晰地阐述观点、条件和要求，同时也体现了商务沟通的严谨性和详尽性。

第四节　高校商务英语教学中的商务文化培育

一、高校商务英语教学中的商业文化培育现状

当前中国的商务英语人才培养模式大致可以分为以下两类。

（一）正规公立学校教育

传统正规公立学校的教育体系往往在商业意识方面存在不足，学校教育主要侧重于文本学习和考试，与市场需求和商业实践之间存在较大差距。课程设置通常包括基础英语技能训练、英美文化和语言文学知识，以及国际商务英语的核心课程，如商务英语的听、说、读、写、译和国际商务文化交流等。然而，这些课程往往过分强调语言技能和商务知识的学习，在跨文化交流和商务文化意识的培养上投入不足。

尽管一些高校在商务英语教学中引入了文化背景或比较文化课程，如英美文化概况，但这些课程大多依然以语言技能训练为核心，而忽视了对学生商务文化意识和思维能力培养的重要性。由于教学资源和管理条件的限制，很少有高校能够提供文化交流的实践课程。这种以"英语+商务"为主的教育模式可能导致学生误以为掌握英语和商务知识就足以应对商务活动，而忽略了文化意识的重要性。

结果，许多成绩优异的毕业生在进入职场后发现，实际交流中遇到的困难很少是由于语言能力不足，而主要是因为缺乏文化能力。在跨文化交际实践中，他们可能会不自觉地依赖母语的语言规则、交际习惯、文化背景和思维方式来表达思想，面对不同文化因素的交叉和碰撞时，他们往往感到无助，这甚至可能直接影响商务活动的顺利进行。因此，教育体系需要重视并加强商务文化意识和跨文化交际能力的教学，以更好地准备学生应对全球化商务环境中的挑战。

（二）培训类学校教育

近年来，随着市场化的推进，培训类学校应运而生，它们在文化意识培养方面往往缺乏系统性，业务虽具针对性，但有时过于强调技巧训练，忽略了培养人文精神和创造力。这些学校倾向于对学员的具体问题提供直接而快速的解决方案，而没有从根本上提升他们的综合能力。

培训类学校以商业化为主导，常以托福、GRE、雅思等考试的高分作为教学目标，推崇"高效化"的学习过程，承诺在极短时间内显著提升学生的英语水平。虽然这为外语教学市场带来了活力和竞争，但过度商业化的管理和教学方法也导致了教育的功利化、短视化和市场化。

这种短期培训现象反映了学生和家长对快速掌握英语的渴望，但这种速成的心态并不合理。培训学校利用了这种心态，占领了广阔的市场，而在这种模式下，文化培养变得更加困难。

中西方文化差异显著，例如在中国，人们习惯于通过谈论年龄、工作、收入等私人话题来建立亲近感，而在西方，这些话题通常被视为隐私，不适宜作为交谈内容。尽管大多数英语学习者在课堂上了解到了这些文化差异，但要将这些理论知识转化为实际行为，需要的不仅仅是几堂课的学习。

在商务交流中，文化差异可能导致误解和冲突，甚至可能影响商务活动的成功。商务英语教学的最终目标是培养能够熟练使用英语进行国际商务交流的复合型人才，以适应全球化的商务环境。因此，商务英语教学需要将文化意识的培养融入教学中，帮助学生在实际交流中运用这些知识，避免文化冲突，促进商务活动的顺利进行。

二、高校商务英语教学中商业文化培育策略

商务沟通的成功不仅要求商业人士克服语言障碍，更要跨越文化差异所带来的心理和理念上的障碍，特别是在面对面交流时这些障碍尤为突出。有效的沟通是实现思想和文化融合、解决冲突和危机、统一认识和价值观的关

键手段和必经之路。

西方国家由于种族背景、地理环境、经济发展水平等因素的差异，形成了各自独特的文化体系。这些差异导致人们的观念、传统、思维方式、价值观念以及语言表达方式存在显著不同。某些文化中被视为自信和专业的行为，在另一种文化中可能被解读为傲慢或不感兴趣。而在一种文化中看似柔和的行为，例如自我批评、观点调整或多角度考虑问题，在跨文化交流中可能是实现共识和合作的重要基础。

在商业领域，由于不了解客户所在国的风俗和文化传统而导致的损失屡见不鲜。因此，商务英语的学习者必须认识到文化差异的存在及其对商业交往和个人生活的影响，并学会妥善处理可能出现的文化冲突。

在当前国际形势下，高校在商务英语教学中结合不同国家的文化习俗和特征，加强文化意识的培养和实践，是培育具有全球视野的高素质人才不可或缺的一环。这要求教学不仅要注重语言知识的传授，更要深入探讨和体验不同文化的交流方式和价值观念，以培养出能够在多元文化环境中自如沟通和工作的国际商务人才。

（一）了解与预防

文化是沟通的基石，尤其在当今全球化的背景下，中国与世界各国在经济、政治、文化等领域的交流与合作日益增多，文化在商务英语环境中的作用愈发凸显。

文化差异可能成为有效交流的障碍，即便在商务能力和语言能力均无懈可击的情况下，文化因素仍可能限制人们的交际能力，影响对外界的理解。语言与文化相互依存、相互塑造。在国际贸易中，必须认识到中国人与英语国家人民在生活习惯、思维模式、道德观念、价值取向等方面存在的差异。

商务英语中的专业知识往往反映了特定国家的思维习惯和行为规范。以"stock"一词为例，它在普通英语中意为"存量"，而在金融英语中指"股票"。这两个含义之间的联系可以追溯到英国为战争筹资发行债券的历史。英国政府赋予了这些债券流通转让的权利，随着债券和相关证券的增多，人们开始用"stock"来指代证券，包括股票。了解股票发行的背后文化——

西方的"契约精神"——对于深入理解金融知识至关重要。17世纪英国航海家为筹集资金,向出资者承诺回报,并最终履行了承诺,这种文化背景促成了债券和股票在西方国家的普及。

再如,关于"代理人"问题,即企业管理权与所有权分离的现象,东西方文化对此有着不同的理解和处理方式。中国家族企业往往采用"子承父业"的模式,管理权与所有权难以分离;而在西方,由于"契约精神"的影响,大型企业的股东分散,倾向于采用职业经理人的管理模式。这种差异并非简单的对立,而是基于不同的企业文化和价值观。理解这些差异有助于更好地判断和处理商务事务。

商务英语专业的学生如果不了解这些文化背景,将难以深入理解业务运作的原理和实践。因此,商务英语教学不仅要传授语言知识,更要深化对不同文化背景下商务实践的理解,培养学生的跨文化交际能力和国际视野。

(二)交流与体验

在高校商务英语教学中,教师广泛采用交际法作为教学手段,通过模拟真实情境进行演练,如进行货物采购或价格谈判等。这种练习的核心目标是让学生在不必担心语法错误的安全环境中,自由表达自己的需求和想法。交际法的核心在于通过实际交流来教授语言,与传统侧重语法规则的教学不同,交际法更注重创造真实的交流场景,将语法学习置于次要,而将信息传递作为教学的重点。

案例研究也是商务英语教学中一种备受青睐的教学方式,这种方法源自哈佛商学院的管理培训,已被广泛应用于政界和教育界。案例研究属于交际法教学的一部分,提供了一个互动平台,促进学生与案例内容、学生之间、学生与资料、学生与商界人士以及师生之间的互动。案例研究以任务为指导,旨在寻找最佳解决方案和支持证据,具有很强的目的性。与理论讲解不同,具体案例为学生提供了有目的思考的素材,要求学生分析事实,结合个人经验提出行动方案。在教学中,可以要求学生阅读案例并进行书面分析,为课堂讨论做准备。教师可以鼓励学生分组讨论案例,通过此过程提炼、调整和充实自己的观点。学生还可以在班级内进行商务谈判演练,然后阐述自己的分析结果，并就提出的建议进行辩论。这一过程不仅要求学习者能够清晰有效地用英语表达自己的观点，还要求他们仔细倾听他人的意见。

商务英语教学应遵循循序渐进的原则。在第一阶段，重点培养学生在日常商务交流中使用英语完成任务的能力，帮助他们建立交流信心，提高语言流利度，涉及的场景包括面对面交流、电话沟通、商务文件撰写、信息交换、会议、招待客人、介绍公司和产品等。第二阶段则进一步提升学生在商务活动中自信、流利、准确使用英语的能力，具体方法包括设置讨论话题、通过练习引入讨论、采用真实案例和问题解决方法、在情境中进行有意义的交流，还可以通过分析图表、插图和照片来完成阅读任务。此外，利用角色卡片进行讨论也是一种有效的教学方法。

第五节　国际化高端人才与跨文化能力

自21世纪伊始，全球化已成为不可逆转的发展潮流。在这一背景下，中国正致力于培养具有国际视野的高端人才。面对全球化的挑战，人才的培养不再局限于传统的知识与技能层面，更为核心的是，要具备应对全球化挑战的能力，拥有国际化的视野和创新的思维方式，以适应不断变化的全球环境。

一、国际化高端人才

高端人才的定义一直是中国学者和专家深入分析和研究的重点。这些人才经过科学评估，被证实能够领导团队在关键科研领域实现重大突破并创造显著效益，属于社会各领域中的顶尖层次。他们不仅在经济、科技、教育领域发挥着关键作用，而且在社会的其他领域也具有深远的影响。在岗位上，高端人才通过其专业能力的正常发挥，对国家社会的发展起到了至关重要的推动作用。在人才竞争中，高端人才的竞争尤为关键，他们实质上是推动社会发展的核心力量。

国际化高端人才则是在全球竞争舞台上具有关键作用的人才，他们不仅具备全球视野和能力，还能推动所在行业和企业在全球化竞争中获得优势。与传统高端人才相比，国际化高端人才的独特之处在于他们需要面对直接和间接的全球竞争。他们的特征在于能够适应全球化的工作环境，理解多元文化差异，并能够在国际交流与合作中有效沟通和领导，从而在全球化的背景下为企业和国家赢得竞争优势。

二、跨文化商务交际能力的培养

2010年5月22日至23日，"全国首届跨文化商务交际国际研讨会"在对外经济贸易大学成功举办。此次研讨会由对外经济贸易大学英语学院主办，并得到了英国华威大学job.ac.uk网站、法国欧佳龙公司和中国高等教育出版社的协办支持。会议围绕"全球化语境下的跨文化商务交际"这一主题，深入探讨了跨文化商务交际的理论与教学问题，展示了该领域理论研究和实践的最新进展。研讨内容广泛，包括跨文化商务交际理论、教学方法、商务话语分析、跨文化谈判、营销与品牌建设、商务管理、交际能力培养、跨国企业并购文化现象、商务与传媒、伦理问题、中西商务文化对比、商业价值观研究、跨文化适应性研究等议题。

尽管中国的跨文化商务交际研究起步较晚，理论及实证研究尚需加强，但以中国商务文化为研究背景，对相关理论的深化和实践的指导具有重要的理论和现实意义。此次大会对于应对全球化挑战、国际金融危机后的新形势、推动外语教育及人才培养模式的改革、促进跨文化商务交际学科在中国的发展等方面发挥了积极的推动作用。

在经济全球化的大背景下，我们需要紧跟时代发展的步伐。商务英语专业的从业者不仅要适应时代潮流，更要具备预测和引领潮流的能力。与实业领域不同，商务英语人员的核心优势不仅在于专业技能、知识储备和实操经验，更在于其深刻的思想内涵和创新思维，这对于商务谈判领域的专业人士尤为重要。他们需要具备敏锐的市场洞察力、战略思维能力以及在多元文化背景下进行有效沟通和协调的能力。

在文化全球化的过程中，设置高校商务英语课程应认识到以下几点。

（一）加强对文化全球化的预测和判断

作为商务英语从业者，理解当下世界的文化潮流是基础，但更为重要的是要具备洞察力，能够理解、预测并评估文化全球化的未来走向。这一能力要求从业者不能仅仅满足于现有的标准和知识，而应持续地观察市场动态，预测文化趋势，并在可能的情况下，积极引导文化潮流的发展。

为了做到这一点，商务英语从业者需要不断学习和适应，深化对全球主流文化发展的理解。这不仅能帮助他们更好地把握世界思潮和市场趋势，也能让他们敏锐地感知客户需求的变化，以及经济发展可能带来的新动向。

对国际贸易而言，除了经济因素，文化理解同样至关重要。许多国际贸易问题的出现，除了经济层面的原因，往往是由于对文化发展趋势的无知或忽视，导致无法对经济变革做出准确预判，最终可能引发经济和文化层面的社会问题。

（二）从跟随世界潮流向引领世界潮流发展

当前，我国商务英语行业尚未实现重大突破，主要原因在于长期以来的"跟随"策略。虽然这种做法能够降低成本，尤其是在研发方面，但它无法带来根本性的创新和成功。商务英语是一门应用学科，其广泛的应用领域要求我们在文化层面实现引领性的进步。

商务英语融合了文化和实用两大特性，涉及商务礼仪和接待等，这些标准随着时代的变迁而不断演进。在经济和文化全球化的大背景下，商务英语从业者面临着巨大挑战，需要承担起研发的责任。教育者需要结合教材、教学流程和学生特点，预测未来的思想潮流，并提出适应性的教学改进措施。科研人员则应基于本国文化，结合全球主流思想趋势，对文化融合进行前瞻性判断，以激发商务英语从业者的积极性和敏感性。

在文化发展的道路上，我们需要找到合适的途径，区分"跟随"和"引领"。文化作为一个抽象概念，通过具体载体体现。跟随文化发展相对容易，只需提高对文化理论的观测和研究，把握发展趋势。而引领文化发展则更为复杂，需要从历史或社会学角度探索未来方向，尽管这与真正的引领仍有差距。

哲学在文化全球化中扮演着关键角色。当前，许多商务英语教育者和学生忽视了哲学的重要性，这可能导致难以深入理解西方思维方式。东西方思维差异的根本在于不同的哲学体系。理解并融合西方文化，首先要从理解西方哲学开始。商务英语从业者应深入理解西方哲学，从而更好地预测西方社会文化趋势，提前做出适应性变革，实现文化发展的引领。

总之，商务英语是文化概念的一部分，其教学应在多元文化背景下进行，实现文化与语言、商务与英语的有机融合。这有利于中国快速融入经济全球化，提升国际地位，并为经济发展构建坚实的基础。

第七章

跨文化交际理论指导下高校商务英语教师专业发展分析

    在知识经济时代，社会系统中的竞争模式正逐步被合作模式所取代。作为社会子系统之一的学校，肩负着培养符合未来发展需求的人才的使命，必须与时俱进，强化学校内部个体、群体和组织之间的协作。学校应积极实施"走出去"战略，拓展对外交流与合作，以促进教育资源的共享和教育理念的更新。

    教师作为社会化的职业，面临着社会对其角色和职责的更高要求，同时也追求着个人专业成长的目标。这些因素共同推动教师走向合作型的专业发展道路。本章重点研究跨文化交际理论指导下高校商务英语教师专业发展的相关内容。

第一节　教师专业发展概念分析

一、教师专业发展的概念

要想获得教师专业发展的本质认识，需要先厘清教师专业发展与教师专业化、教师专业素养的结构，教师专业发展的主动性等基础性问题。

第一，教师专业发展与教师专业化。教师是一种古老的社会职业，但职业不能等同于专业，因教师职业的特殊性等因素的影响，其专业性地位在长时间内受到多方质疑或争议。由此，20世纪60年代开始，在要求大力提升教师素养的背景下，欧美国家兴起了争取教师专业地位及相应权力和教师专业能力的教师专业化运动，但在运动中由于片面追求教师群体的专业地位及权力，却忽视了教师个体关键的教育实践能力的发展，从而导致活动到20世纪80年代前并未取得实质性进展。20世纪80年代之后，各国在加强教育改革中，充分认识到教师在改革中的关键作用，从而对以前忽视教师个体专业发展的做法进行批评和反思，促使教师专业化的目标重心从专业地位与权力的诉求转移到教师专业发展之上，成为教师专业化的方向和主题。在推动教师专业发展的众多举措实施过程中，我们深刻认识到，强化教师教育、推动其专业发展，是提升教师专业地位的有效手段。唯有持续不断地提升教师的专业素养和综合能力，方能确保教师职业得到社会的广泛尊重与认可，使其成为一个受人敬仰的职业。总之，教师专业发展来自争取教师职业专业地位运动的经验总结，并成为人们所认可的提升教师职业专业地位的有效途径。由此，在研究中需要注意不能忽视教师专业化这个大前提。

第二，教师专业素养结构。教师专业发展应朝向哪些内容和目标？如何评价教师专业发展的效果？如要回答这些问题，必须清楚教师专业素养的结构问题。关于教师专业素养的研究，已得到众多学者的深入探讨。其中，一些具有代表性的观点包括：叶澜提出的涵盖专业理念、知识结构与能力结构的体系[①]；林瑞钦强调的所教学科知识（能教）、教育专业技能（会教）及教育专业精神（愿教）的整合[②]；曾荣光的专业知识与服务理想的融合[③]；以及申继亮、辛涛所论述的职业理想、知识水平、教育观念、自我监控能力与教学行为与策略的综合[④]。综合以上研究，可以概括出优秀教师应具备的专业素养主要涵盖三个核心方面：专业知识、专业技能以及专业情意，这三者共同构成了教师全面专业素养的基础。

第三，教师专业发展的主动性。已有关于教师专业发展的概念的研究中，都忽视了教师发展意愿的问题，几乎一致把教师会主动发展作为预设前提。但现实中教师的存在方式是多元化的，主要有"生存型""享受型""发展型"。其中，生存型的教师面对生活的各种压力，是否有强烈的意愿关注自身的专业发展呢？由此，在涉及教师专业发展的概念界定时，需要特别注意教师现实的生存方式与生活环境的前置条件，提高发展的主动性。

二、教师专业发展的特点

（一）专业自律：共同发展，专业分享

教师这一职业在专业发展上更容易陷入单打独斗的境地。教师如果缺乏融入专业集体的自律态度，就易于造成其专业发展中缺少互动对话、分享以

---

① 叶澜.新世纪教师专业素养初探[J].教育研究与实验，1998（1）：41-46.

② 林瑞钦.师范生任教职志理论与实证研究[M].高雄：复文图书出版社，1990：26.

③ 曾荣光.教学专业与教师专业化：一个社会学的阐释[J].香港中文大学教育学报，1984（1）：23-41.

④ 申继亮，辛涛.教师素质论纲[M].北京：华艺出版社，1999：30.

及反思，其专业发展中经常充斥着无力感、无意义感。教师专业共同体的建设是促进教师专业自律的有效途径，进而在促进其专业发展中发挥作用。

1.自觉寻求专业发展中的资源共享

教师这一职业的专业发展比其他任何职业更明显地需要对话和分享。每位教师作为一个独立、独特的个体，都在其独有的学习和工作经历中形成了具有鲜明特色的知识及经验结构。同一门课程的教师，同一个专业研究方向的不同教师，其在教学内容实施、教学方式方法运用以及科研思路等方面的表现也不尽相同。多样性和差异性本身就是教师专业共同体中一种宝贵的财富。在教育领域中，即便教师们执教的是同一学科，他们在教学内容的梳理、教学方法的抉择以及教学情境的构建等多个维度上，均能够充分展现各自独特的教学风采和专业素养。

2.专业知识结构深化和完善

受建构主义理论的知识观和学习观的影响，对话、协商和分享在个体知识学习和经验成长中扮演着极其重要的角色。教师能够通过互助式的伙伴关系自觉寻求支持与引导，深化和完善自己的专业知识结构。

3.专业知识与经验分享

在教师专业共同体这一平台上，青年教师得以与经验丰富的教师及专家型教师展开深入交流。通过多样化的沟通渠道和互动模式，各方能够积极分享个人的思考、见解及教育信念，从而有效扩充了青年教师的知识经验体系。

4.促进教师进行专业反思

教师专业共同体可以通过对话让各种想法和观点进行自由交流。对话作为一种交流方式，能够使教师从更为全面的角度审视教育问题。在此过程中，青年教师亦能对自己的观点进行深入反思，从而进一步完善其理解。教师专业共同体所展现的丰富对话，为教师提供了对个人观点、信念和假设进行深度反思与修正的契机，这种持续的自我更新过程，有助于教师形成自觉反思的专业发展路径。

（二）道德自律：自我反思

教师工作是一种特殊的专业劳动，赫尔巴特很早就指出了教育教学活动中的教育性。没有任何一项社会活动能像教学这样和人的道德活动紧密相关。教师的道德自律是指教师能够严格按照职业道德要求，对自身职业进行良好的自我调控，并能自觉履行相应职责。教师的道德自律发起于具有他律特征的各项学校规章制度和社会诉求，形成于自身不断的教学生活中，完善于深入理解教育之后。

道德自律一旦形成，就会成为教师自我行为的一种指导原则，影响着教师的教育教学活动和自我道德成长。在专业共同体的建设中应该注意给教师提供自我学习、自我锻炼的机会，使教师有机会通过与有经验的同伴进行经验分享，不断自我反思，进而将外在规约内化为自主诉求，构建道德自律。教师道德自律的形成有赖于教师正确地认识自我，以及自我与环境之间的关系；有赖于对自我责任、义务的正确认识；有赖于对自我优缺点、自我修养的正确认识。在专业共同体的框架下，教师通过不断地自我反思，以及直接经验和间接经验的获得，逐步正确评价、发展自我，形成正确的道德自律。

三、教师专业发展的基本理念

我们将教育理念的核心要义阐释为，教师在长期的教育教学实践中，通过个人的亲身经历和深思熟虑，对教育本质、规律及价值等核心要素所持有的基础性、根本性的判断与观点。从教育实践中可知，教育理念的发展、创新，能够让人们站在新的角度审视现阶段的教育现象，重新把握和建构教育体系，从而实现教育教学活动的发展。教育理念的突破和更新，为教育改革的实施提供了先导条件。要实现高等教育的发展，需要以先进的教育理念进行指导。从宏观方面来说，教师应该具备以下教育理念来指引自身专业的发展。

（一）终身教育理念

法国教育家保罗·朗格朗提出终身教育的概念，认为这是一种全面而完整的教育形态。它涵盖了教育的各个领域和所有内容，从人出生开始直至生命结束，是一个持续不断的发展过程。终身教育强调了教育各个发展阶段之间的内在联系和连贯性。

简而言之，终身教育指的是个体从出生到老年，在整个生命历程中所接受的教育总和，这包括家庭教育、学校教育以及社会教育等多种形式。它倡导学习不应仅限于学校围墙之内，而是应该贯穿个人的整个生活，鼓励人们持续学习、不断成长，以适应快速变化的社会和工作环境。

（二）素质教育理念

素质教育，旨在全面和谐地促进学生的德、智、体等多方面发展，并以此为核心，精心塑造学生良好的个性品质。这是一种对人的世界观、人生观、价值观和审美观进行培养的教育。素质教育以人为本，把教育看成培养人的活动，以促进学生的发展为本，尊重、关心、信任每一位学生。在素质教育过程中，要充分体现管理者、教育者和学生的主体意识。另外，终身教育也属于素质教育的范畴。

（三）主体性教育理念

学生作为一个发展中的个体，需要在社会化和个性化的过程中不断展现自身的主体性素质。主体性教育强调的核心目标是培养学生成为具备独立自主能力、积极创造精神的社会主体，以使他们能够自主地进行认知与实践活动。主体性教育的核心内容包括以人为本和主体参与（主体性教育最核心的理念）这两个方面。

（四）创新教育理念

创新教育就是学校按一定的培养目标和规格，通过科学有效的教育手段和方法，培养学生的创新意识、能力、精神和人格，并使其能够适应知识经济需求的教育。要注意的是，创新教育具有全体性，它不是精英教育，而是要面向全体学生；创新能力的培养和发展，要建立在生理基础和知识基础之上，遵循一定的规律，而不是盲目地进行；创新思想往往需要营造民主、宽松、协调、合作的教育氛围；重视实践，在实践中勇于创新。

第二节　高校商务英语教师胜任力拓展

一、商务英语教师的胜任力构成

商务英语教学者的能力结构不仅涉及教学、实践、研究等能力，还需体现英语、商务、文化等方面的能力。在培养高素质技能型人才的过程中，能力训练相较于知识教育而言，具有更为关键的地位。商务英语教师应深刻把握学生未来所从事的国际商务活动及其所在岗位（群）的专门知识和专门技能，同时需对相关职业教育理论有全面的理解。教学作为教师胜任力的核心，是实践智慧的重要源泉。因此，教师应以普适性能力和通识教学能力为基础，构建以职业技术教学能力为核心的教学能力结构，以确保教学质量的提升和学生技能的全面发展。

（一）普适性能力

"普适性能力"是指那些不局限于特定教学领域的通用能力，它们超越了教师专业技能的界限，适用于多种不同的情境。这些能力包括教师的心理健康、生存发展能力以及交流与合作能力。心理健康是教师作为个体所必需的基本心理状态，有助于他们应对生活中的挑战；生存发展能力则关系到教师的个人成长和职业发展；而交流与合作能力则是教师在教学和日常生活中与他人建立有效沟通的基本技能。这些能力与教师的思想素养紧密相连，对于促进学生的全面发展和终身学习至关重要。商务英语教师通过提升自己的日常态度和行为素养，以身作则，成为学生的榜样，从而在学生的学习和个人成长中发挥积极的推动作用。

1.思想品德素养

商务英语教师的思想品德素养是其专业素养的全面反映。一个杰出的商务英语教师应具备以下素质：高尚的道德操守、令人愉悦的个性、宽容和谦逊的学习态度、准确的自我认知、健康的心理状态、幽默的表达能力、和谐的社交技巧、得体的仪表以及高尚的审美观念。这些素质相互交织，共同塑造了教师的整体形象。在面对英语基础不牢固、学习习惯有待改进的大学生时，高校教育强调"以师德为先，以学生为本"，这概括了对商务英语教师职业道德的核心要求。

2.兴趣与信心

经常听到"兴趣是最好的老师"这一说法，我们也确实强调激发学生对商务英语的兴趣。但在期望学生对商务英语产生兴趣之前，教师们应该首先自问：自己是否真正热爱商务英语教学？是否对这门学科持有持续的热情？是否对自己的教学能力有信心？是否对商务英语背后的文化充满好奇？是否对学生持有耐心和关爱？是否能够高效地完成各种教学任务？

只有当商务英语教师对自己的教学充满热情和信心时，他们才能够将这份积极的情绪传递给学生，从而在潜移默化中促进学生对商务英语学习的兴趣和热情。

3.积极情感态度

要使学生具有积极的情感态度，商务英语教师自己首先就要有此态度。

因为教师对社会、人生、工作与他人他事的态度都会在不知不觉中传递给学生，影响学生对这些人、事、物的情感态度。如果一名教师的内心是灰暗或扭曲的，那么即使他刻意隐藏、加强对学生情感态度的积极引导，学生也会受其阴暗面影响而产生负面的情感态度。商务英语教师的情感态度中，对教学工作和学生的态度是对教学工作最重要，也是影响最大的一点。显然，如果教师不热爱教学工作，不关心学生，就不可能用心教学，也无法及时发现学生的问题，商务英语教学也就无法成功。对教学工作的热爱和对学生的关爱有助于学生情感态度的健康发展，进而有助于促进学习成绩的提高。可以说，教师的情感是学生爱学、勤学、巧学的一个隐性动力。

很多商务英语教师是转行的或刚毕业的，教学过程中要注意通过自己积极的情感态度来感染学生，用自己对知识的热爱、对教育的责任感和对学生的关心来激发教学灵感，激活课堂气氛，调动学生学习的积极性，用爱催生爱，用信心激发信心，从而使教学效果最大化。只有这样学生才能更好地消化和吸收知识，并积极参与语言实践。

（二）通识教学能力

高校教师的教学能力并非独立存在，它们与一般教师的教学能力在教学技巧、方法和流程上有着共通之处。"通识教学能力"是所有教师职业都应具备的基本教学素质，它反映了教师职业对教学能力的基本要求。这种能力可以细分为教学基本技能、教学组织能力和教学管理能力三个部分。

教学基本技能是指所有教师都应当掌握并熟练运用的固定教学行为模式。而教学组织能力和教学管理能力则是指教师在教学过程中，为了有效地组织和实施教学所必需的驱动力。这些能力直接关系到教师的基本教学素养。

为了保证商务英语课堂教学的质量，商务英语教师需要具备相应的教学素养，这不仅包括对教学内容的深入理解，还包括能够灵活运用各种教学方法和技巧，以及有效地管理课堂的能力。

1.转变教学观念

首先，我们需要重新定义教学目标。这不仅仅是将重点从传统的阅读理解转移到听说技能上，而是要全面提升学生在商务环境中使用英语的能力。商务英语教学应该加强口语和写作的训练，从过去单一的语言知识传授转变为注重培养学生的综合英语应用能力。商务英语教学的实质是知识传授与能力培养的有机结合。商务英语知识不仅包括语音、词汇和语法，还应涵盖文化知识和商务专业知识，形成一个综合而统一的体系。商务英语教学的目标是培养学生的综合应用能力，但这并不意味着知识传授不重要，相反，它是实现这一目标的基础。没有扎实的知识基础，学生就无法有效地运用语言。只有将英语语言知识与商务知识融合，形成稳定的内在素养，并通过"内容驱动"的方式，才能培养出学生综合运用语言的能力。

其次，教学应以学生为中心。在传统的英语教学中，教师是课堂的主导，学生往往被动接受知识，缺乏主动思考、分析、归纳和判断的机会。这种以教师为中心的教学模式，不仅抑制了学生的学习积极性，也影响了学生对知识的深入理解和应用能力的提高。在商务英语教学中，我们需要转变这种以教师为中心的教学模式，树立以学生为主体的教学理念。现代教学思想强调，教师应作为引导者，帮助学生主动获取和掌握知识。在实践与理论相结合的教学环境中，学生应成为教学活动的中心，教师的角色是组织、引导和指导学生进行语言实践。通过这样的教学模式，可以更好地激发学生的学习兴趣，提高他们的语言应用能力。

2.有效传递教学信息

学生学习商务英语的时间主要集中在课堂教学上。要在课堂内将教学内容快速、有效地传授给学生，教师应注意以下几点。

（1）较高的教学能力。教学能力通常涵盖两大类：通用能力和专业能力。通用能力涉及教师在教学过程中的认知技能，包括观察学生个性特点、了解学生学习状况，以及预测学生发展潜力的能力等。这些能力有助于教师更好地理解学生，从而提供个性化的教学支持。

专业能力则特指教师在商务英语教学领域的专业技能，包括教学组织与管理、准确解读教材、恰当运用教学策略、清晰有效的语言表达，以及商务英语听说读写译的高水平能力。这些专业技能对于确保教学内容的清晰度、逻辑性和条理性至关重要，它们直接影响课堂教学的质量和教学成果的有效性。

（2）独特的教学风格。教学风格作为教师个体教学思想和教学艺术特点的集中体现，深刻反映了教师独特的教育理念和教学方法。教学风格具有鲜明的个人特色，每位教师的教学风格都各不相同。例如，有的教师语言幽默风趣；有的教师擅长运用肢体语言；还有的教师习惯巧设疑问、循循善诱等，这些独特的教学风格往往能给学生留下深刻的印象，吸引学生的注意力，提高学生的学习效果，同时也有助于培养学生对商务英语学习的兴趣。

（3）一定的教学艺术。教学艺术是教师综合运用专业知识、教学技能、技巧和创造力来实现教学目标的能力。具备高教学艺术的教师通常能够巧妙地运用教育学、心理学、语言学、哲学和美学等多个领域的知识，来激发学生的好奇心和求知欲，有效地传递知识，并促进学生的思维能力发展。这些教师擅长将教学内容与学生的情感、认知和价值观相结合，通过理性与感性、知识与情感的融合，全面促进学生的知识掌握、能力提升、情感培养、意志锻炼以及思想品德的形成。通过这种综合的教学方法，学生能够在一个健康和全面的环境中成长和发展。

3.灵活运用教学手段

在商务英语的教学过程中，鉴于语言学习的特性，学生有时可能面临学习动力不足的困境。为有效解决此问题，商务英语教师应充分利用多元化的教学手段，诸如创设生动的教学情境、启发式引导、直观性演示、策略性提问、疑难解答以及强化训练等，以此吸引学生的注意力，并深化其对知识的理解和应用。

（1）创造情景教学。情景教学是一种富有成效的教学策略，它通过模拟真实、具体的商务环境来激发学生的参与热情和表达欲望，从而点燃他们学习商务英语的兴趣。情景教学的核心优势在于，学生能够在一个接近真实的商务场景中，通过角色扮演和互动，全面地感知、理解和掌握商务英语的知识和技能。

在设计教学情景之前，教师需要进行周密的备课，根据商务岗位的实际任务或项目，确定可能的教学情境。在实施教学情景时，教师应巧妙地安排情境，引导学生自然地进入角色，帮助他们准确理解并应用所学知识，同时锻炼他们的听力和口语能力。

如果条件允许，教师可以利用实训室来创建更加真实的教学环境。在没有实训室的情况下，教师可以借助图片、表情、动作、实物等非语言手段，或者使用多媒体教具来创设教学情境。这些方法不仅可以帮助学生更深入地理解和运用语言知识，还可以活跃课堂气氛，提高学生的学习兴趣，从而实现更好的教学效果。

（2）启发。在商务英语教学中，启发式教学意味着教师不仅要传授商务语言知识和技能，还要重视学生作为学习主体的全面发展，包括他们的能力、智力和思想。这要求教师在课堂上避免单向的"灌输"教学方式，而是要积极激发学生对商务英语应用的探索兴趣和主动性。

教师应鼓励学生通过独立思考来获取商务英语知识，并在此过程中提升他们的语言运用能力。这种教学方法强调学生的主动参与和自我驱动，通过引导学生深入分析商务情境、解决问题和创造性地使用语言，帮助他们构建自己的知识体系。

启发式教学还要求教师具备高度的敏感性和适应性，能够根据学生的反馈和需求调整教学策略，确保教学内容与学生的实际经验和兴趣相匹配。通过这种方式，教师可以更有效地促进学生的批判性思维、创新能力和终身学习能力的发展。

（3）演示。演示是商务英语教师呈现知识的方法和手段，如借助实物、图片、模型、幻灯、录音等道具使学生获得对知识的直观印象，并了解其发音、语调等。演示过程中总是伴随着讲解。演示和讲解经常用于生词、语法、课文等语言知识的传授，也常作为一些练习的辅助手段，对学生充分理解语言内容有很大的帮助。

（4）提问。提问是学习过程中不可或缺的一部分，学生在学习商务英语时难免会遇到语言、商务和文化等方面的问题。提问不仅能够帮助学生识别和解决这些问题，而且还能激发他们的思考，培养他们的独立探索和自主学习能力。在商务英语课堂教学中，教师应恰当地运用提问策略，引导学生积极思考，从而促进他们的思维发展。

（5）解难。面对学生普遍感到困难的知识点，商务英语教师需要灵活运用多种教学方法进行深入讲解。例如，如果学生普遍觉得商务英语单词难以记忆和理解，教师可以教授他们英语构词法、发音与拼写的关系、同义词和反义词、上下义关系等知识，帮助他们更好地记忆、理解和运用这些词汇。同时，教师还应定期开展答疑活动，及时解决学生的疑惑。

（6）强化操练。语言学习中的一个重要挑战是遗忘。如果不对所学的词汇和句型进行及时复习和练习，学生很容易忘记。因此，强化和操练在语言学习中至关重要。教师应根据教学内容，设计多样化的练习活动，帮助学生巩固所学知识，提高语言运用能力。通过不断地操练，学生可以加深对语言知识的理解和记忆，从而提高语言学习的效率和效果。

4.适当调整教学进程

教学过程是一个师生互动、共同参与的过程，旨在完成既定的教学任务。教师需要根据学生的接受能力来调整教学节奏，避免过快导致学生跟不上，或过慢使学生失去兴趣。商务英语教师应具备灵活调整教学策略的能力，创造性地应对实际课堂情况，选择有效的教学方法和组织形式，确保教学活动在规定时间内顺利进行。

同时，教师需要展现出高度的智慧和教学技巧，巧妙地引导和启发学生，激发他们的学习兴趣和思考能力。在教学过程中，教师应迅速识别问题，并采取果断措施进行解决，以保持教学的流畅性和有效性。此外，教师还应根据学生的不同水平，实施差异化教学，提供个性化的指导，以满足每个学生的学习需求，促进他们全面而均衡地发展。通过这些方法，商务英语教师可以确保教学活动既高效又具有针对性，从而提高教学质量，实现教学目标。

5.恰当使用教学语言或体态语

教学语言是课堂教学的核心，对商务英语教学尤为关键。教师的语言运用直接影响学生的学习体验和效果。因此，商务英语教师需要不断提升自己的语言表达能力，确保语言的准确性、清晰性和逻辑性，同时赋予语言以艺术性，使之更具吸引力。

在与学生的互动中，如提问或纠正学生时，教师应采用礼貌而委婉的语言，以尊重学生，激发他们对商务英语学习的兴趣。此外，教师还应注意语音和语调的使用，因为它们能够显著提升语言的表现力。正确的语音和语调不仅能够增强语言的感染力，还能帮助学生更好地理解和吸收知识。

总之，恰当使用教学语言，包括语音和语调的合理运用，是商务英语教师必备的专业素养。这不仅涉及语言的选择和构造，还包括语言的表达方式和情感投入，共同构成了教师与学生有效沟通的桥梁。

（三）职业技术教学能力

"职业技术教学能力"是高校教师在进行职业技术教育时所特有的核心教学技能。这种能力以教学实践为核心，涵盖了在职业技术教育过程中所需的各种技能。它不仅包括对教学内容的传授能力，还涉及对劳动对象和使用工具的技术操作能力，以及对劳动过程进行有效管理的能力。这些能力共同构成了一个综合的能力体系，旨在培养学生的职业技能和实际操作能力。

对于商务英语教师而言，这一能力要求坚持"英语为核心、商务为背景、实践为主线"的English、business、practice人才培养模式，依据学习领域课程理论开发专业课程体系，工学结合、任务驱动、项目导向、基于工作过程实施教学活动。教师还需要考虑高校商务英语教学的特殊性、实用性、可能性，进行3L（learner、learn、language，学习者、学习、语言）与3C（communication、collboration、creativity，交际、合作、创新）相融合的教学设计，凸显高校商务英语学习的工具性与人文性。在此，教师须深入学习商务知识及商务操作技能，以加强对商务活动和商务从业人员的重视，并具备灵活适应商务环境要求的能力。此外，教师应着重提升专业实践能力、实践教学能力以及教学研究能力，以确保教学质量和效果。同时，教师还应提高课程设计能力，依据国际商务活动的典型工作过程和职业能力要求，开发模块化的课程体系，涵盖商务背景知识、商务语言运用以及商务交际能力等基本要素，进而保障学生英语语言能力、商务知识与操作技能以及综合素质的全面发展。

在课程教学实施的过程中，我们强调以实践为导向的教学方法，旨在通过实际操作替代传统的讲解方式,从而有效培养学生的商务实践中英语应用能力;注重内容的真实性、相关性和针对性,公司简介、财务报告、产品介绍、年度计划、商务信函、商务文件等都可以成为教学材料;其中的商务文化、英语国家文化也需充分挖掘,提高学习者的跨文化交际能力和教师自身的跨文化教育能力。简而言之,"职业技术教学能力"要求理论与实践相互融合,语言与商务相互渗透,需要教师勤于学习和研究,补充金融、贸易、管理、经济、法律等商科领域知识,尽量缩小自身语言能力与商务知识及实践操作之间的"落差"。

二、商务英语教师胜任力拓展的内容

联合国教科文组织曾明确指出,影响教学质量的因素涵盖五个方面,并据此提出了一个衡量教学质量的公式。这五个因素分别是:一个国家外语教学的整体环境、学生的来源与质量、教学的环境与条件、教材的编制质量以及教师的专业素养。此公式为:

教学质量=[学生(1分)+教材(2分)+教法(3分)+环境(4分)]×教师素养。

根据该公式所揭示的规律,在同等条件下,教师的专业素养与教学质量的提升呈正相关关系,即教师素养越高,教学质量相应也会越高。此外,教师的知识储备并非孤立存在,而是需要在学生、教学环境、所教授科目的教材与教学方法等多重因素的共同作用下才能得以有效运用和发挥,这种"共同作用"即为教学实践活动的核心。教师胜任力的拓展就是需要教师在教学行动中认真解读自我、学生、环境,依托课程内容及教材,选用适当教法,将"教学者"的知识能力有效地转化为"学习者"的知识能力。故而,商务英语教师的上述知识最终可归结于"教师实践性知识"这一核心范畴。它是教师在深入反思和提炼个人教育教学经验的基础上,通过实际行动所展现的对教育教学的深刻理解与认识。

关于自我、科目、学生以及教育情境的知识,其核心构成元素源于教师对教育本质所持的坚定信念（详见表7-1），其生成媒介是集体互动与个体反思。高校商务英语教师实践性知识的理解与建构也可以借鉴。

表7-1　教师实践性知识的内容类型[①]

教师关于教育本质的信念	关于自我的知识	自我认同
		自我概念
		自我效能感
		……
	关于科目的知识	学科知识
		课程知识
		学科教学知识
		教学资源
		……
	关于学生的知识	学习需要与动机
		学习态度及兴趣
		学习策略
		……
	关于情境的知识	学校文化
		人际关系
		……

（一）关于自我的知识

教师的自我知识包括对自身角色的认同、对个人教学理念的理解、自我效能感、个人背景知识、价值观及教育理念等。这些内在的知识体系在无形

----

① 陈向明.搭建实践与理论之桥：教师实践性知识研究[M].北京：教育科学出版社，2011：77.

中为教师的教育实践提供支持。教师认同是指教师对自己作为教育者角色的总体认识，以及这种认识如何在不同教学环境中随时间演进。

有研究指出，优秀的教师通常具有一个共同点：他们能够将个人的自我认同与教学工作紧密结合，展现出强烈的职业意识。这些教师具备将自身、所教授的学科以及学生之间的关系紧密编织在一起的能力，从而帮助学生构建起属于自己的世界观。

这种能力的核心在于优秀教师的"以学生为中心"的教学心态，他们能够真诚地将自己的情感、教学内容和与学生的互动深度融合，将这种融合传递给学生，激发学生内心的共鸣。通过这种方式，优秀教师不仅传授知识，更引导学生学会如何与世界互动，培养他们独立思考和自我成长的能力。

教师如果缺乏对自我的深入了解，则难以有效把握其学生之个性特点及所授学科之精髓；不了解自我，就不会将极强的自我效能感投入教育教学实践中去，对自身能否利用所拥有的知识、技能去完成本职工作显得信心不足；不了解自我，也就不可能准确地定位自己，不可能去认清自身的优势与不足，不能积极地进行扬长补短式的"充电"。商务英语教师"关于自我的知识"就是希望我们把教育当作终身虔诚的事业，立志成为一个好老师，将学生成长视为对教师自我价值的肯定。"关于自我的知识"还包括教师的研究素养，这些专门知识旨在辅助教师深入理解教育对象、系统掌握教育教学活动的要领，以及高效开展教育研究。这是教师作为实践者、研究者、专业人士的必备知识，让教师有能力去认识自我，了解学生，解读学科，感悟教育本质，体验教育情境。

这里的"自我"不仅指教师的个性、品质、性格、素质等方面的个体特性的"我"，还包括教师的存在、行动、发展。"行动中的我"需要商务英语教师在自我认同、专业认知、职教意识、理解学科、欣赏学生的基础上，选用适当的教学话语和教学策略去有效实施"商务+英语"的教学活动，并融入个性特质形成自己的教学风格。发展是商务英语教师学习与成长的过程，是不断提高商务英语教学专业意识与专业能力的过程。"发展中的我"意味着商务英语教师应该在个体能动性与社会结构之间游走，不断发展自我专业认同。这个过程离不开教师内在的研究与反思，撰写反思日志与研究论文，以反思型实践者身份进行自我对话，更需要教师向外部寻求支撑帮助，如校企合作团队、商务领域的专家行家、外语教学的专家、校内同事及教师专业学习共同体，解决商务话语的缺失或商务技能的短板等问题。

行动与发展都是基于个体的生存状态之上，"存在中的我"是个性化意识与职业化意识的集合体，主要是个体对身份认同与职业认同的统一。存在中的"我"要求商务英语教师以商务英语教学为职业，与商务英语学科、商务英语学习者合一，享受商务英语化的生活。同时，高校商务英语教师还需认同并胜任自己作为"职业教育者"的身份。在商务英语学科的发展过程中，迫切需要构建一支具备"英语+商务"双重能力的复合型师资队伍。为此，教师应积极深入涉外企业及机构进行学习和实践，通过实地顶岗锻炼，结合自学努力考取相关技能证书，以确保能够充分满足商务英语师资建设的迫切需求，从而为学科的发展提供坚实的师资保障。

（二）关于科目的知识

教师的科目知识是其专业素养的重要组成部分，涵盖了对所教学科的深入理解，包括学科内容、课程设置、教学方法、教学资源等多个方面。教师需要掌握学科的核心内容和方法论，理解课程是如何构建的，课程标准是如何确定的，教材的选择标准，以及如何设计教学计划和利用教学资源。

在这些学科知识的背后，是教师广泛的文化知识基础。正如杜威所强调，教师应关注教材与学生能力及需求之间的互动，这要求教师不仅要了解教学内容，还要掌握将这些内容有效传授给学生的教学法知识。舒尔曼提出的学科教学法知识（PCK）尤为重要，它涉及教师如何将知识转化为学生易于理解的形式。

对于高校商务英语教师来说，深入理解商务英语学科及其教学内容是基本要求。这包括了解商务英语学习的规律、特点，以及如何制订教学计划、呈现教学内容、选择教学方法和处理教材。教师需要将对商务英语教学内容的理解、教学法知识、情境知识、教学策略以及课程知识融入教学实践中。

在教学过程中，教师需要对学生的学习反应做出快速判断和决策，采取适应商务活动情境的教学行为，并保持对教学创新的开放态度，积极接纳新的教学方法、理念和技术。为了强调商务英语教学的语言特色，教师还需要具备扎实的外语教学素养，并准确把握商务英语学科的属性。通过这些综合能力，教师能够更有效地促进学生的学习和发展。

1. 外语教学素养

在我国商务英语教学领域，教师的英语语言功底是确保教学质量的关键，对提升教学效果起着至关重要的作用。教师必须具备扎实的专业知识基础，这构成了教学内容的核心，而高水平的语言能力则是进行有效教学的前提。因此，商务英语教师需要具备高水平的语言素养，这包括对英语基础知识的掌握（语音、语法、词汇、功能等），英语基本技能的熟练运用（听、说、读、写、译等），以及跨文化教学的相关知识（对西方文化的理解及跨文化交际能力）。

除了语言能力，教师还需掌握丰富的教学理论知识，这包括现代语言学、应用语言学、外语习得和外语教学法等领域的知识。通过深入学习和理解这些理论，教师能够更好地理解学生在记忆、观察、思维、兴趣、习惯、意志和性格等方面的差异，灵活运用外语教学规律和科学的测试评价方法。教师应自觉地将语言学知识应用于商务英语教学实践，以全面提升教学质量。

具体而言，商务英语教师应加强对外语学习理论和现代语言学理论的学习。外语学习理论包括母语与第二语言习得理论、英语测试、英语教育史、英语教学法等，这些知识有助于教师深入理解外语教学的规律和科学的测试评价方法，是提升教学效率和质量的基石。语言学作为外语教学的理论基础，为寻求教学的科学规律提供了重要的理论支撑。随着语言学理论的发展，外语教学法也在不断革新。因此，商务英语教师必须不断学习语言学理论，以便更好地指导教学实践，促进学生的有效学习。

2. 商务英语学科属性

商务英语属于专门用途英语，因此具有很强的专业性。商务英语具有普通英语的语言特征，但是其也有自身的独特性。比如在国际贸易中，商务英语是企业之间进行合作经常使用的语言，其所涉及的内容包括英语语言知识、人际关系、处事技巧、民族习惯、行业习惯等。从语言结构上来看，商务英语经常使用术语、套语，其中很大一部分委婉和客套语对不同场合、话题、对象都适用。商务英语教师如果想要顺利地教授商务英语课程并达到理想的教学效果，必须全面了解商务英语的学科性、复合性、应用性等学科特征，这些是商务英语教学者必须具备的"关于科目的知识"。

（1）学科特性。商务英语作为一门学科，其核心研究对象为国际商务背景下所应用的特定用途英语、商务实践以及商务沟通语言等。其研究重点在于探究因不同使用领域、不同用户群体、不同使用功能等因素而产生的英语变体及其内在规律。具体而言，商务英语课程涵盖了国际金融、国际经济、国际贸易、国际投资、国际服务、市场营销、工商管理、知识经济、财务管理等多个领域，不仅包含英语的基础语言知识，还深入探讨了商务知识、专业词汇、商务沟通技巧以及商务场景下金融、外贸、财务等相关领域的专业词汇和知识体系。需要明确的一点是，商务英语教师并非要掌握上述商务课程所涉及的所有内容，因为教师的能力也是有限的。商务英语教师需要掌握的是所教授科目的具体的商务英语专业内容。

（2）复合性。商务英语学科的复合性特点在于它不仅仅是英语语言技能的教授，更强调与商务、文化等其他领域知识的深度整合。这种课程设计使得学习者在学习过程中不仅要掌握商务知识、专业词汇，并且能够用英语进行商务沟通，还要学会将商务专业知识应用于实际的商务场景中。

学生通过这样的学习，能够灵活运用商务英语及相关专业知识和技能，参与到各类商务相关的交际活动中。这种跨学科的复合性要求商务英语教师不仅要具备扎实的语言教学能力，还应具有广泛的商务知识背景，涵盖经济、金融、管理、法律、新闻等多个领域。只有具备了这样的复合性知识结构，教师才能有效地完成商务英语课程的教学任务，帮助学生全面掌握商务英语的实际应用能力。

（3）应用性。商务英语学科的应用性体现在其紧密联系理论与实际，以满足社会商务领域的具体需求。该课程具有特定的目标和内容，专注于专业化的商务知识与英语能力的结合。商务英语课程不仅是一种语言教学，更是一种将英语与商务知识融合的实用英语教育，其教学内容和活动均以国际商务活动为核心。

商务英语课程设计以商务活动为语言实践的背景，将英语作为商务沟通的工作语言，内容覆盖商务相关的多个领域，包括商务活动的各个环节。因此，课程中经常包含商务交际的模拟活动，例如商务谈判、公司介绍、商务会议等，以此来强化语言在实际商务场景中的应用。通过这些实践活动，学生能够在真实的商务环境中运用英语，提高其商务沟通和问题解决的能力。

（三）关于学生的知识

关于学生的知识，是指教师理解学生及其特质的知识，即理解学生的学习能力、学习需要与动机、学习态度及兴趣、学习策略、学业表现、认知形态及过程，等等。教师只有理解学生，才能更好地引导学生，因为每一个学生都不是空着脑袋进入教室的，他们有着多种的性格、背景、目的、人际关系，对教学内容有着自己的感悟。在教育实践中，教师应采取如中医把脉般的细致与严谨，通过"望、闻、问、切"的方法，全面审视教育环境。这包括深入理解学生的内心世界、妥善处理师生间的互动关系、基于科学的教育观念来审视学生，并对学生的特点、学习上的长处与短板、学习动机以及家庭背景等方面有充分的了解。此外，教师在心中应秉持以下关于学生的坚定信念：学生正处于持续发展的阶段，他们是需要被教育的对象，他们是具备完整个性的个体，他们渴望得到应有的关注与尊重。这些信念将指引教师更好地履行职责，促进学生的全面发展。

高校商务英语教学中，"关于学生的知识"是，学习者不仅有着"双语、双证、跨文化（含商业文化）"的学习需求，还面临着英语是"外语"（即英语基础薄弱）、商务是"外行"（即没有商务经验背景）的挑战。作为学生在学术道路上的引导者，教师肩负着唤醒学生学习热情、激发其好奇心及创新精神的使命。我们鼓励学生勇于质疑，敢于面对并解决问题；致力于培养他们形成良好的学习习惯，掌握科学高效的学习方法，并引导他们自主锻炼与提升各项能力。同时，我们注重培养学生的自主学习能力，包括独立阅读能力、撰写读书笔记的能力、熟练运用工具书的技巧，以及根据学习需求收集、分析、筛选与运用信息的能力，进而使其具备对学习成果进行自我评价与调整的能力。此外，在教学中，我们亦重视学生的小组合作学习，并充分考虑学生在学习上的个体差异，以确保每位学生都能在适宜的环境中实现全面发展。

（四）关于情境的知识

教师的实践性知识，特别是"关于教育情境的知识"，体现在对教育环境的社会文化背景的深刻理解上。这包括对教室环境、教师群体文化、学校文化氛围、社区政治以及文化传统的认识。与抽象的理论知识不同，实践性知识与特定的情境紧密相连，显示出其情境依赖性。

这种知识是基于教师个人在具体教学场景中的经验积累，它根植于教师与特定学生群体、特定教材和特定课堂环境的互动。它是教师在长期教学实践中形成的，与个人教学风格和策略紧密相关的"案例知识"。教师通过不断地教学实践、反思和调整，积累并传承这些宝贵的实践性知识，以适应不同教育情境的需求，提高教学质量和效果。

教师通常处在课堂、政治、社会等三类情境。"课堂"是教学活动的主阵地，是一个独特的单元，每一位教师都能够营造出各自品位的课堂。创建不同品位的课堂反映出教师不同的实践性知识。作为高校商务英语教学者，应将"以学生为中心"的教育理念置于核心地位，并着重于构建师生间积极和谐的互动关系。在教育的生态中，学生的存在是教育的基石，教师的价值在于其与学生的紧密关联。"生"之存在，乃"师"之依存。教师的"教"与学生的"学"是相辅相成的，二者之间构成平等而相互依赖的关系。有效的教学成果源于师生间的默契与信任。因此，在教学实践中，教师应深入理解和把握学生的需求与心理状态，致力于弥补学生在英语语言基础方面的不足，并引导他们形成自主学习的能力。通过构建基于和谐合作的课堂教学环境，师生共同努力，共建学习共同体，以实现教育质量的全面提升。

高校的商务英语教学就是在国家宏观政策指引下发展壮大的，教师需要及时解读我国出台的相关政策或文件。"社会环境"是指教师所处的人际网络和参与构建的小团体，这涵盖了教师与同事、校领导、社区成员等多方互动的情境。在教育情境中，除了师生关系之外，还包括同事间、学生间、家校之间的多元关系。每个人都是处于一个丰富而复杂的社会关系网中，并且持续地构建着新的联系。教师的教育教学实践是在这一关系网络中进行的，它涉及运用实践性知识来处理和协调各种关系。一方面，职业教育的发展强调产学研结合的路径。教师需要组织科研团队或加入专业学习共同体，参与课题申报、教材编写、精品课程建设，为企业提供员工培训、资料翻译服务，并对商务英语的实际应用进行调研，以了解行业发展趋势、企业对人才的需求以及学生在就业和发展中遇到的难题。另一方面，教师应以岗位需求为基础，以技能培养为核心，寻求与企业的合作机会，建立校企合作基地或共同体，共同探索商务英语专业的课程开发和实践教学方法。通过这样的合作，可以更好地将教学内容与实际工作需求对接，提高教育的实用性和针对性，同时也为学生提供更丰富的实践机会和就业渠道。

简言之，上述实践性知识就是高校商务英语教师对"职教观、教师观、学生观、商务英语观、学习共同体观"等方面的必备认知。目前，高校商务英语教师专业素养的现状并不容乐观。全体教师应致力于在专业理念与师德、专业知识、专业能力等多个方面持续提高个人素养，确保自身能够满足商务英语教学岗位的严格要求，并努力胜任该岗位的各项职责。在有些研究中，"知识结构"包括"能力"或"能力结构"包括"知识"，二者并非泾渭分明。因此，商务英语教师知识与能力的拓展应该融入知识建构、课程开发、教学实践（实践智慧）、教学研究、跨文化教育、共同体建设等商务英语专业建设任务和教师专业发展使命之中，教师在"胜任力"提升中实现"我学故我在，我思故我在，我新故我在"。

第三节　高校商务英语教师素养提升路径

实践教学是展现商务英语专业应用特色的关键途径，涵盖实验教学、专业实习、商务方案设计以及社会实践等多个维度。这些环节不仅有助于学生将课堂知识应用于实际，还能增强他们的实践能力和职业素养，从而更好地适应未来的商务工作环境。商务英语教师要充分利用校企工作站、下企业锻炼、与行业专家合作等渠道提升自身的实践教学能力，完善实践教学体系，积极参加技能竞赛、"双师"培训、涉外交往等活动。可以说，商务英语教师一方面要能够在实践教学的探索与改革中提升自己的实践教学能力，另一方面要积极参与校内实训基地建设，为实践教学提供资源保障。

一、理清实践教学改革思路

（一）教学目标

实践教学能力的提高需要商务英语教师对教学目标有一个正确、透彻的认识。商务英语人才培养目标主要包括以下几点：①培养学生的商务英语听、说、读、写、译五大技能；②传授学生国际商务交往的基础知识和操作流程；③帮助学生树立正确的文化认识，掌握国际商务社交文化；④促进学生的德、智、体、美、劳全面发展，使学生最终成为综合素质强的应用型人才。

根据上述整体性的人才培养目标，教师可以将商务英语实践教学的目标重点定位在：①培养学生的商务英语沟通、交流的能力；②使学生了解商业领域的工作环境、岗位要求；③使学生掌握国际商务交往活动中典型任务的主要环节；④使学生熟悉并制作国际商务交往活动中涉及的主要文件、信函和单证等。

（二）教学模式

商务英语是用于国际商务交往的一种专业英语。因此，传统的英语教学模式难以满足以职业能力为本的商务英语实践教学。在实际的教学实践中，商务英语教师可以采用模块化教学模式。

其中，语言模块主要是指商务英语语言知识的运用与技能的训练，专业模块是指商务专业知识与技能的实践，综合实训模块则是指实践应用，这也是商务英语专业实践教学中最重要的部分。在综合实训模块中，岗位模拟、整周实训与实习是基本的组成部分，每部分都对应不同的课程，使学生在模拟或真实的商务情境中锻炼自己的实践能力，从而提高商务英语专业能力。

商务英语实践教学改革应该围绕职业和学生的需求开展，努力建立起一个完善合理、针对性强、强调应用的实践教学体系，这样才能从各个方面促进学生商务英语实践能力的提高，实现综合素质的提升。

（三）教学方法与手段

与普通英语不同，商务英语学习有着更强的目的性。这就意味着传统的教师主导教学的课堂模式和教学方法无法满足商务英语实践教学的要求，只有突出实践、注重运用的教学方法和教学手段才能有效地发挥作用。因此，商务英语实践教学应该结合实践教学的特点与要求采用适当的教学方法和教学手段，锻炼学生的实践能力，提高综合素质。要实现这一点，可以从两个方面着手：①根据不同的实践教学内容，选择能够充分调动学生参与积极性、引导学生运用的教学方法，如角色模拟法、任务教学法、案例教学法、野外作业法等；②充分利用多媒体技术、互联网资源和商务实训软件，为学生创造真实的国际商务交际环境，使学生亲身感受实际的交往活动、语言环境，在此基础上开展师生、生生、校内外的互动活动，增加学生实践应用的机会，从而提高商务英语的实践能力。

二、追求实践课程的职业性

英语教学在职业定位上具有其独特性，它不仅关注语言知识和技能的传授，更重视培养学生的语言实际应用能力、自主学习能力和可持续发展能力，以支持学生的终身学习。教学不仅要为学生打下坚实的语言基础，还要特别强调培养学生将语言应用于实际工作场景中的技能，尤其是那些面向未来职业需求，使用英语处理岗位业务的能力。[1]

---

① 严金波.试论高校公共英语教学学生职业能力的培养[J].学校党建与思想教育，2011，（14）：49-50.

　　商务英语课程的教学目标是以职业导向能力为核心，促进学生职业能力的发展，这应在商务英语专业教学实践中得到体现。目前，高校商务英语专业普遍建立了专门的实践教学课程体系。在教学实施中，教师应采用岗位模拟和工作流程设计的方法，摒弃传统的"讲解+实训报告"模式，强化商务英语教学的实践性和职业性。

　　商务英语专业的学习应在语言实验室、外事模拟实训室、国际商贸实训中心等校内实践教学平台上进行，指导学生使用英语完成国际商务活动中的典型工作流程和任务。同时，应尽量将教学延伸至校外实习实训基地，让学生在真实的岗位工作中学习和应用知识，体现以岗位需求为导向的"工学结合、能力本位"的教学理念。通过这种方式，学生能够在实践中提升自己的职业技能，为未来的职业生涯做好准备。

　　教师的职责不只是教学，拓展校外的校企合作基地，建设校内实践教学基地也是教师的事情。商务英语教师投身到校内实践教学基地建设中去，既是考验教师自己对商务英语实践教学的认识、对商务英语知识与技能的把握，也是需要教师熟悉国际商务活动的工作情境、典型任务以及岗位工作流程，并将它们"搬到"校园内建设成为学生的学习"工厂"、学习"公司"。这样的建设能力可以看作商务英语实践教学能力的延伸与运用，可以帮助教师在自己创建的实训基地中得心应手地实施实践教学；同时，既能服务学生的专业学习，也能服务自身的专业成长。

第四节　高校商务英语教师学习共同体构建

　　教师共同体的内涵可以概括为几个核心要素：共同的信仰、合作与参与、相互依赖、关注个体与少数意见，以及构建有意义的群体关系。此外，教师共同体也被视为以共同体为平台、以共同愿景为指导、以协商文化为运作机制、以教师实践中的问题为基础、以实践中的身份认同为特征。

要深入理解教师共同体的内涵，需要将其放在具体情境中考量，这包括基于特定项目的合作、基于教育改革的推动，以及基于教学实践成长的情境。这些情境有助于明确共同体成员的互动方式和目标。

对于高校商务英语教师学习共同体的构建，需要综合考虑同事间的互动关系和网络技术的利用。这意味着在构建共同体时，不仅要促进教师之间的直接交流与合作，还要利用网络平台来扩展交流的广度和深度，增强共同体的连通性和协作效率。通过这种方式，商务英语教师可以共享资源、交流经验、协同工作，共同提升教学和研究的质量，推动商务英语教育的发展。

一、融洽同事关系，建设学习共同体

高校英语教师在教学发展过程中面临的一个主要障碍是同事之间联系的松散，商务英语教师同样未能幸免。在应对商务英语教学的挑战时，诸多专业建设领域需要教师们共同努力和深入研究，这包括教师、学生、教材、教学环境等英语教学的基本要素，以及反思性实践、教学理论的深化和教师共同体的构建等方面。

然而，目前的状况往往是教师们各自独立完成自己的教学任务，缺乏深入研究教学或进行教学改革合作的动力，导致教学和科研成果不尽如人意。常见的教研活动也往往形式化，仅限于传达文件或布置任务，同事间的交流多停留在会议期间的见面或表面的礼节性交往。

为了克服这些瓶颈，构建"教师学习共同体"显得尤为重要。这一共同体旨在促进教师从简单的"同地工作"转变为"合作共事"，将每位教师的学习能力和领导能力汇聚成推动教师专业成长和商务英语人才培养的强大团队动力。通过这种方式，教师们可以更有效地共享知识、资源和经验，共同面对教学挑战，促进教学创新，提高教学质量，最终实现教师个人和商务英语教育的整体发展。

二、构建网络学习共同体

在网络环境下，商务英语教师学习共同体是一个由商务英语教师和领域专家组成的虚拟学习集体，他们利用信息技术和网络平台进行互动。这个共同体以提升教师的职业能力和拓宽其专业胜任力为目标，在网络支持的环境中，成员们通过在线对话、交流和沟通来进行集体学习。

在这个过程中，成员们分享商务英语领域的专业知识、教学经验和遇到的问题，相互交流思想、体验和观点。通过这种互助合作的方式，他们建立了相互影响和促进的关系，这有助于促进教师的反思性学习，加强知识建构。最终，这种集体学习和合作将推动教师团队的整体进步和发展。

第五节　高校商务英语教师跨文化教育能力的提升

作为商务英语人才培养方案的执行者、商务英语学习活动的引导者，商务英语教师的跨文化素养直接影响着学生跨文化交际能力的培养，而且这里的文化不仅包括英语国家的文化，还涉及国际商务活动中的文化（即国际商业文化）。

一、重视跨文化素养的提高

商务英语教师往往自认为拥有较强的语言技能，能够流利地进行听、说、读、写、译等活动，并认为自己已经具备了跨文化交际的基本素质。然而，这种认识有时会将语言知识与跨文化交际能力混为一谈，忽略了跨文化交际能力的多维性。实际上，跨文化交际能力不仅包括语言交际能力，还涵盖跨文化理解、非语言交际、适应不同文化环境的能力，以及语言和交际规则的灵活转换等多方面能力。

虽然语言能力是交际能力的基础，是商务英语教师必须具备的重要技能，但它并不是跨文化交际能力的全部。语言能力的作用受到社会文化因素的影响，特别是在跨国商务活动中，国际商业文化的理解和适应尤为关键。语言不仅是沟通的工具，更是连接一个民族精神、文化传承和社会关系的纽带。因此，商务英语教师需要清晰地认识到，单纯的语言能力并不足以保证在跨文化商务交际中的成功。缺乏深厚的文化素养，跨文化交际能力难以得到实质性的提升。为了有效提升商务英语学习者的跨文化交际能力，教师自身的跨文化交际能力必须达到更高的水平，成为学习者跨文化能力培养的先行者和示范者。教师首先要提高认识，重视并设法完善自身的跨文化素养。只有这样，教师才可能强化对中西文化差异的敏感性、适应性、理解力，才可能有意识地训练自己的跨文化交际能力。重视跨文化素养的重要性，从事商务英语教学的教师才会认识到，单纯的语言（商务）知识传授和语言（商务）技能的训练不能满足商务英语复合型人才的需要，才可能重视文化导入以及学生跨文化交际能力的培养。

二、树立跨文化意识

树立跨文化意识是教师跨文化理解能力养成的前提，是跨文化素养的基础。商务英语教师在其职业发展中，应致力于成为多元文化和跨文化的深刻理解者及教育者。为实现此目标，教师应积极树立跨文化意识，并拓宽国际视野。同时，教师应具备高度的跨文化敏感性，以及对于跨文化交际能力深刻而全面的认知。具有跨文化意识，教师就能够清醒地认识到：学习商务英语是为了交际而不只是为了应试考证，在教授单词、语法的时候不能仅仅满足于让学生了解汉语意思，还需引导他们了解使用的情境、使用的方式、商务交际中的规则和约束，避免在跨文化交际的时候产生误解。

教师自身所具备的跨文化意识和敏感度对学生具有潜移默化的影响。教师可以通过分享自己的学习经历和跨文化交流经验，与学生共同探讨跨文化交际中可能遇到的问题。这种互动不仅能够提升学生的跨文化理解力，还能够帮助他们建立起对不同文化背景下交际情境的敏感度。

教师还可以有意识地引导学生以平等和尊重的态度来看待英语国家的文化，培养他们在将来商务活动中保持开放和适应的心态。通过教育，学生可以学会从西方文化的视角来分析问题，深入了解西方的审美习惯，理解西方文化产品以及日常生活中的情感表达方式。

在教育教学工作中，教师需牢固树立跨文化意识，深入了解并反思自身文化的精髓，包括本民族的价值观、社会规范和行为模式，以及自身持有的情感态度。教师应保持持续的学习和探索精神，对异域文化进行深入的研究和了解。在比较研究中，教师应基于对本民族文化的深刻认识，尊重英语国家的文化特色，同时学习并融入国际商业文化。此外，教师应坚决克服民族中心主义和种族主义等不良交际心理，以开放、包容和理性的态度面对多元文化交流。在跨文化意识的影响下，商务英语教师对于不同的文化行为和思想不会妄加评论，而是会拥有包容之心和理解的态度；在跨文化教学中，也能够不断反思，根据学生的需要及时改进教学内容和教学方法。

三、完善跨文化知识

商务英语教师是课堂教学的组织者和引导者，因此在商务英语教学的课堂上，教师必然与学生进行交流与互动，教师所具有的文化知识会直接影响互动的效果。在商务英语教学过程中，跨文化教育可帮助学生理解英语国家不同种族、群体或领域所具有的文化特点，这些文化与中国文化存在很大的差异。因此，商务英语教师应具备丰富的文化知识，以便更好地促进教育对象对中西文化差异的理解和对国际商务活动的把握。

Byram（1997）主张，在跨文化交际的语境中，两种核心知识不可或缺：一是对本国与交际对方国家社会群体及文化的深入了解；二是在与不同群体或个人互动中所涉及的交流技巧。因此，商务英语教师应当具备扎实的文学、文化学、社会学及心理学知识储备，以便准确识别东西方价值观念的差异，理解不同社会规范间的差异，并能有效把握东西方思维方式的区别。另外，了解文化适应、文化冲撞、文化调节、文化休克等在国际商务活动中会碰到的跨文化交际问题，也能够充实教师的跨文化交际的知识结构。

我国学者提出，教师在跨文化交际领域至少需要补充三个方面的知识：文化层面、语言层面和交际层面的知识。

文化层面的知识非常广泛，它包括一个社会独特的信仰、习惯、制度等，是人类进步模式的总和。这不仅包括对外国文化的了解，也包括对自己民族文化的深入认识，涵盖历史、地理、文学、宗教、社会学等多个领域。对这些知识的掌握越广泛越好。

语言层面的知识不仅包括词汇和语法等语言本身的知识，还应涵盖对本民族语言文化传统的理解，以及对人类语言的本质特征和特殊使用规律的了解。

交际能力层面的知识则更为综合，除了语言和文化知识外，还应包括心理学和沟通技能等。

商务英语教师需要对本土知识有深刻的了解。本土知识是本土人民在长期生活和发展中自主创造、使用和传承的知识体系，与本土人民的生存环境、社会和人文环境及其历史紧密相关。它是本土人民的共同精神财富，对于实现社会的可持续发展和独立自主具有重要意义。①

在跨文化教育背景下，本土知识应受到更多重视，避免一味追求外来文化。教师在这一过程中扮演着重要角色，需要在商务英语教学中融入本土知识，帮助学生认识到本土知识和文化的价值。教师应引导学生在比较中西文化差异的过程中，学会包容和接纳跨文化知识，并将本土知识与对本土文化的理解整合到自己的知识体系中。通过这种方式，学生不仅能够更好地理解和运用商务英语，还能够在全球化背景下保持文化自信和自主性。

---

① 沈银珍.多元文化与当代英语教学[M].杭州：浙江大学出版社，2006：55.

四、训练跨文化交际能力

跨文化交际能力是指在跨文化交流中顺利完成交际任务、达成目的所需的综合素质和能力。对于高校商务英语教师而言，培养这种能力是一个多维度的过程。

根据高一虹的观点，跨文化交际能力的培养包含"跨越"和"超越"两个层面。"跨越"要求教师深入理解目标语言文化并提升交际技巧，而"超越"则涉及培养更广泛的文化意识和反思、包容的态度。换言之，"认识"和"意识"属于"超越"层面的文化意识与态度，"知识"则是"跨越"所需的对目标语言文化的了解。提高"交际能力"是实现文化"跨越"的关键。

Gudykunst等交际学研究者指出，有效的交际需要认知能力、情感能力和行为能力。商务英语教师在培养跨文化交际能力时，首先要具备认知能力，即精通目标语言和文化；情感能力要求教师展现出积极的交际态度和强烈的文化交流动机；行为能力则指在掌握目标语言交际系统的基础上，展现出良好的跨文化交际技能。

由于商务英语教师通常语言功底扎实，态度和动机正面，文化理解和行为能力成为提升的重点。提高跨文化行为能力的直接方法是参与涉外活动，与来自英语国家的人进行交流，通过文化碰撞增强感性认识。对于缺少出国机会的教师，可以通过参加校外跨文化教育培训项目来提升跨文化素养。在校内，可以通过定期的跨文化学习和经验交流活动，分享体验和案例，共同分析讨论，以提高跨文化意识和交际能力。

商务英语教师还应具备优秀的跨文化教学能力，这包括通过商务英语材料分析文化内涵，将跨文化教学融入课程，设计跨文化课堂活动，让学生在模拟商务场景中实践所学。同时，教师应对所有学生展现人文关怀，关心他们的社会和文化背景，成为跨文化人文关怀的实践者。这种关怀是人际交往中的基本行为，对于商务英语学习者尤为重要，他们通常英语水平有限，来自多元的社会文化背景。教师有责任关心每一位学生，促进他们的全面发展。

参考文献

[1]白靖宇.文化与翻译（修订版）[M].北京：中国社会科学出版社，2010.

[2]蔡基刚.中国大学英语教学路在何方[M].上海：上海交通大学出版社，2011.

[3]陈俊森，樊葳葳，钟华.跨文化交际与外语教育[M].武汉：华中科技大学出版社，2006.

[4]杜秀莲.大学英语教学改革新问题新策略[M].济南：山东大学出版社，2011.

[5]高名凯，石安石.语言学概论[M].北京：中华书局，1963.

[6]关世杰.跨文化交流学[M].北京：北京大学出版社，1995.

[7]何广铿.英语教学法教程：理论与实践[M].广州：暨南大学出版社，2011.

[8]何自然.语用学概论[M].长沙：湖南教育出版社，1988.

[9]胡文仲.跨文化交际教学与研究[M].北京：外语教学与研究出版社，2015.

[10]胡文仲.跨文化交际学概论[M].北京：外语教学与研究出版社，1999.

[11]贾冠杰.英语教学基础理论[M].上海：上海外语教育出版社，2010.

[12]贾岩，张艳臣，史蕊.跨文化翻译教学中本土化身份重构策略研究[M].北京：清华大学出版社，2014.

[13]胡文仲.跨文化交际与英语学习[M].上海：上海译文出版社，1988.

[14]孙公瑾，丁石庆.文化语言学教程[M].北京：教育科学出版社，2004.

[15]贾玉新.跨文化交际学[M].上海：上海外语教育出版社，1997.

[16]金惠康.跨文化交际翻译续编[M].北京：中国对外翻译出版公司，2004.

[17]瞿葆奎.教育评价[M].北京：人民教育出版社，1987.

[18]康莉.跨文化视角下的大学英语教学：困境与突破[M].北京：中国社会科学出版社，2014.

[19]李成洪.英语教学与跨文化传播[M].沈阳：东北大学出版社，2013.

[20]林新事.英语课程与教学研究[M].杭州：浙江大学出版社，2008.

[21]罗少茜.英语课堂教学形成性评价研究[M].北京：外语教学与研究出版社，2003.

[22]沈银珍.多元文化与当代英语教学[M].杭州：浙江大学出版社，2006.

[23]宿荣江.文化与翻译[M].北京：中国社会出版社，2009.

[24]孙英春.跨文化传播学[M].北京：北京大学出版社，2015.

[25]孙英春.跨文化传播学导论[M].北京：北京大学出版社，2008.

[26]王希杰.语言是什么？[M].上海：上海教育出版社，1983.

[27]文秋芳.英语口语测试与教学[M].上海：上海外语教育出版社，1999.

[28]吴为善，严慧仙.跨文化交际概论[M].北京：商务印书馆，2009.

[29]武锐.翻译理论探索[M].南京：东南大学出版社，2010.

[30]徐通锵.语言论——语义型语言的结构原理和研究方法[M].长春：东北师范大学出版社，1997.

[31]闫文培.全球化语境下的中西文化及语言对比[M].北京：科学出版社，2007.

[32]严明.大学英语翻译教学理论与实践[M].长春：吉林出版集团有限责任公司，2009.

[33]严明.跨文化交际理论研究[M].哈尔滨：黑龙江大学出版社，2009.

[34]余林.课堂教学评价[M].北京：人民教育出版社，2006.

[35]张岱年，程宜山.中国文化论争[M].北京：中国人民大学出版社，2006.

[36]张红玲.跨文化外语教学[M].上海：上海外语教育出版社，2007.

[37]张晋.高等职业教育实践教学体系构建研究[D].上海：华东师范大学，2008.

[38]张鑫.英语教学的理论与实践[M].北京：知识产权出版社，2012.

[39]赵元任.语言问题[M].台北：台湾商务印书馆，1968.

[40]钟书能.英汉翻译技巧[M].北京：对外经济贸易大学出版社，2010.

[41]祖晓梅.跨文化交际[M].北京：外语教学与研究出版社，2015.

[42]代璐.小学英语教学中跨文化交际意识的培养研究[D].成都：四川师范大学，2018.

[43]段秀娥.文化休克与文化附加义教学的相关研究[D].济南：山东师范大学，2017.

[44]范迪.中韩跨文化交际中文化冲突案例研究与应对策略[D].济南：山东师范大学，2018.

[45]姜鹏.文化维度下的文化差异性与文化休克研究[D].兰州：兰州大学，2007.

[46]孙佳明.跨文化交际中的"文化休克"现象研究[D].苏州：苏州大学，2013.

[47]汪火焰.基于跨文化交际的大学英语教学模式研究[D].武汉：华中科技大学，2012.

[48]晏琴.英语教学评价的研究[D].武汉：华中师范大学，2006.

[49]杨帅.培养跨文化意识提高高校学生跨文化交际能力的行动研究[D].长春：长春师范大学，2018.

[50]毕继万. 第二语言的主要任务是培养学生的跨文化交际能力[J]. 中国外语，2005，（1）：56–61.

[51]戴圣鹏，代琼花. 论文化包容的条件及其对世界历史发展的意义[J].黄海学术论坛，2017，（2）：30–35.

[52]付岳梅，刘强，应世潮. 跨文化交际的界定和模式[J]. 沈阳建筑大学学报，2011，（4）：12–17.

[53]桂花，杨征权. 微课程教学法在高校英语语法教学中的运用[J]. 高教学刊，2016，（7）：72–75.

[54]韩笑. 对外汉语教学中的跨文化交际[J]. 文学教育，2019，（1）：9–12.

[55]侯贺英，陈曦. 文化体验理论对文化教学的启发[J]. 时代经贸，2012，（2）：25–28.

[56]胡文仲. 跨文化交际能力在外语教学中如何定位[J]. 外语界，2013，（6）：40-46.

[57]李加强. 英语教学翻译与翻译教学[J]. 安徽农业大学学报（社会科学版），2006，（6）：74-78.

[58]李胜兹. 试论文化的性质与特征[J]. 德州师专学报，1998，（3）：15-20.

[59]施家炜. 跨文化交际意识与第二语言习得研究[J]. 世界汉语教学，2000，（3）：20-25.

[60]王寅. 语言体验观及其对英语教学的指导意义——十八论语言的体验性[J]. 中国外语，2009，（6）：10-14.

[61]许国璋. 语言的定义、功能、起源[J]. 外语教学与研究，1986，（2）：7-12.

[62]许力生. 跨文化的交际能力问题探讨[J]. 外语与外语教学，2007，（7）：45-50.

[63]严翅君. 重视"跨文化沟通"[J]. 群众，2004，（3）：30-34.

[64]严金波. 试论高校公共英语教学学生职业能力的培养[J]. 学校党建与思想教育，2011，（14）：12-16.

[65]杨盈，庄恩平. 构建外语教学跨文化交际能力框架[J]. 外语界，2007，（4）：5-9.

[66]张建伟，陈琦. 从认知主义到建构主义[J]. 北京师范大学学报（社会科学版），1996，（4）：45-50.

[67]张英彦. 实践教学的理论基础探析[J]. 中国大学教学，2006，（6）：19-23.

[68]朱淑媛. 语言的功能与语言的创造性[J]. 集宁师专学报，2007，（1）：1-5.

[69]邹为诚，刘蕴秋，熊淑慧. "语言体验"的教育学理论研究[J]. 中国外语，2009，（6）：14-18.

[70]Bennett, Milton J. Basic Concepts of Intercultural Communication: Selected Readings[M]. Boston: Intercultural Press, 1998.

[71]Benveniste, Emile. Problems in General Linguistics[M]. Coral Gables:

University of Miami Press, 1966.

[72]Bolinger, Dwight & Donald A. Sears. Aspects of Language[M]. New York: Harcourt Bruce Jovanovich Inc., 1981.

[73]Byram, M. From Foreign Language Education to Education for Intercultural Citizenship: Essays and Reflections[M]. Clevedon, UK: Multilingual Matters, 2008.

[74]Coperias, M. J. Intercultural communicative competence in the context of the European higher education area[J]. Language and Intercultural Communication, 2009, (4): 326-339.

[75]Fries, C. Teaching and Learning English as a Foreign Language[M]. Ann Arbor: University of Michigan Press, 1945.

[76]Geert Hofstede. Culture's Consequences: International Differences in Work-Related Values[M]. SAGE Publications, 1980.

[77]Hall, Edward T. Beyond Culture[M]. Garden City, NY: Anchor Press/ Doubleday, 1977.

[78]Hanvey, Robert G. Cross-Cultural Awareness[M]. Hunan Education Press, 1998.

[79]Imahori, T. & Lanigan, M. Relational model of intercultural communication competence[J]. International Journal of Intercultural Relations, 1989, (3): 271-290.

[80]Jack C.Richards, John Platl, Heidi Piatt.Longman Dictionary of Language Teaching&Applied Linguistics[M].Foreign Language Teaching and Research Press, 2000.

[81]Johnson, J., T. Lenartowicz & S. Apud. Cross-cultural competence in international business: Toward a definition and a model[J] . Journal of International Business, 2006, (37) .

[82]LaRay Barna. Stumbling Blockes in Intercultural Communication. In Samovar and Porter (eds) Intercultural Communication: A Reader[M] . Wadsworth Publishing Co., 1988 .

[83]Larry Samovar and Richard Porter. Communication Between Cultures.2ed

edn[M].Wadsworth Publishing Co., 1995.

[84]Lewis, M. M. Infant Speech: a Study of the Beginnings of Lanuage[M]. London: Kegan Paul, 1936.

[85]Lustig, M. & J. Koester. Intercultural Competence: Interpersonal Communication across Cultures[M] . Shanghai: Shanghai Foreign Language Education Press, 2007.

[86]Michael Byram. TeachingandLearningLanguageandCulture. Clevedon[M]. UK: Multilingual Matters Ltd., 1994.

[87]Michael Prosser. The Cultural Dialogue: An Introduction to Intercultural Communication[M].Houghton Mifflin Co., 1978.

[88]P. R. Harris & R.T. Moran Managing Cultural Differences[M]. Houston, TX: Gulf, 1996.

[89]Perry, L. & Southwell. Developing intercultural understanding and skill: Models and approaches[J]. Intercultural Education, 2011, (6).

[90]Richard Brislin, Kenneth Cushner, Craig Cherrie and Mahealani Yong. Intercultural Interactions: A Practical Guide[M]. SAGE Publications, 1986.

[91]Ruben, B. The study of cross-cultural competence: Traditions and contemporary issues[M]. International Journal of Intercultural Relations, 1989.

[92]S. Tingtoomey. Communicating across Cultures[M] . New York: The Guilford Press, 1999.

[93]Samovar, L. & Porter, R.Communication betweenCultures[M] . Belmont, CA: Wadsworth Publishing Company, 1995.

[94]Seelye, N.Teaching Culture: StrategiesforIntercultural Communication[M]. Lincolnwoo: National Textbook Co., 1985.

[95]Spitzberg. A model of intercultural communication competence[A]. In Samovar, L. and R. E. Porter, eds. Intercultural Communication: A Reader[C]. Belmont, CA: Wadsworth Publishing Co., 2000.

[96]Thomas J. Cross-cultural pragmatic failure[J]. Applied linguistics, 1983, 4（2）: 91-112.

[97]Valdes.CultureBound: Bridging theCulturalGap inLanguage

Teaching[M].Cambridge, UK: Cambridge University Press, 1986.

[98]W. B. Gudykunst. Intercultural Communication: Introduction in W. B. Gudykunst Locations[M].New York: Mc Graw-Hill Higher Education, 2003.

[99]Whitney, W. D. Nature and Origin of Language[A] . The Origin of Language[C]. Bristol: Thoemmes Press, 1875.